世界语运动风云录

孙明孝　编著

東北林業大學出版社
Northeast Forestry University Press
·哈尔滨·

图书在版编目（CIP）数据

世界语运动风云录 / 孙明孝编著. — 哈尔滨 : 东北林业大学出版社, 2020.4
ISBN 978-7-5674-2142-4

Ⅰ. ①世… Ⅱ. ①孙… Ⅲ. ①世界语－语言史－研究 Ⅳ. ① H91-09

中国版本图书馆 CIP 数据核字 (2020) 第 063759 号

责任编辑：刘天杰
封面设计：刘昌凤
出版发行：东北林业大学出版社
（哈尔滨市香坊区哈平六道街 6 号　邮编：150040）
印　　装：北京虎彩文化传播有限公司
规　　格：148 mm×210 mm　32 开
印　　张：7.75
字　　数：161 千字
版　　次：2020 年 7 月第 1 版
印　　次：2020 年 7 月第 1 次印刷
定　　价：69.80 元

序

波兰眼科医生柴门霍夫[1]博士创造的国际辅助语——世界语作为人类伟大理想践行了130多年，在人类语言和文化形成的历史长河里，世界语只不过是一支小溪，微不足道，但是世界语和世界语运动所奉行的“人类一员主义”即“世界大同”的理想时刻激励着一代又一代人类优秀的儿女为之奋斗。世界语推广的目标就是要打破民族间的隔阂与藩篱，以平等交流的愿景来实现民族平等、人类和谐、世界和平。正如柴门霍夫所言：“语言和宗教的不同是仇恨的根源，而非政治、经济、出身和种族的原因。”

国家不分大小，民族不分强弱，人人平等交流，世界和谐发展是有识之士追求的国际主义理想，世界语也是国际主义理想的重要组织部分，世界语者就是这个理想追求者、践行者。

133年来，世界语经历了极端民族主义、帝国主义、法西斯纳粹的打击迫害，历经了惨无人道的两次世界大战，一批又一批世界语者倒下了，一批又一批世界语者又站立起来。世界语作为最成功的国际辅助语，依然服务于民族间的相互理解、文化认同和交流的舞台，人类文明的火光越来越近，世界和平的呼声也越来越高。

目前，建立在印欧语言基础之上的世界语，借助于突飞猛进的互联

1 Ludoviko Lazaro Zamenhof(1859—1917)，波兰籍犹太人，眼科医生、博士。

网技术，已经植根于浩瀚的国际文化交流之中，世界语网络文献已达400多万篇，世界语学习者的数量也突飞猛进。据统计，网络上世界语注册学习人数已达200万人，世界上免费学习世界语的网站有60多个，维基百科、谷歌、脸书、火狐、有道以及中国网等都采用了世界语。波兰米茨凯维奇大学招收了国际语言学研究生。2018年，经中国教育部批准枣庄学院开始招收世界语本科专业。联合国教科文组织采用世界语出版了机关刊物《信使》，波兰、克罗地亚还把世界语列入非物质文化遗产。

本书的作者多年从事世界语史的研究，结合在枣庄学院世界语博物馆的工作经验，以讲故事的形式再现世界语运动的史诗，这种科普形式不仅可以让读者在故事中学习世界语的历史知识，而且可以走近故事中的历史人物和事件，解读人类文明国际语创造与发展轨迹，这也是世界语历史知识传播的创新，可歌可泣。

本书资料翔实，内容丰富，为世界史、世界语运动史、国际语史的研究提供了丰富的资料，为世界语史学科建设奠定了基础。

中华全国世界语协会副会长　枣庄学院党委书记　曹胜强

2020年3月15日

目录

第一章　导言

第二章　启蒙时期的艰难困苦

第三章 第一次世界大战爆发后的风起云涌

第四章　第二次世界大战期间的沉重打击

第五章　冷战时期的斗争崛起

第一章 导言

1. 国际语的历史与发展

国际语是为了简便世界各族人民之间的交流而创造的国际辅助语、世界共通语，是计划语或规划语范畴。

18 世纪英国工业革命前后，国家和国家之间，民族和民族之间的交往日益频繁。在频繁的国际交往当中，人们迫切需要一种中立的国际交流语言，国际语的问题引起了很多有识之士的关注。在拉丁语、法语和英语先后充当国际语之后，人们逐步感觉到使用任何一种民族语作为国际共通语都是对其他民族的不公，因此由语言问题引起的民族矛盾、冲突也不断发生。世界上很多哲学家、语言学家以及科学家都试探着创造一种中立的、平等的、各族人民都能接受的国际辅助语。在 3 个多世纪里，先后出现了 1 000 多种国际语方案，其中最著名的是 1879 年德国神父约翰·马丁·施莱耶[1]创造的沃拉普克语[2]和 1887 年波兰眼科医生柴门霍夫发明的世界语。沃拉普克语由于难学和内部矛盾，很快被世界语所取代，世界语最终流传至今并被广泛应用到政治、经济、军事、出版、网络、文化等各个领域。世界语为世界各族人民架起了平等交流的桥梁，为相

1 Johann Martin Schleyer（1831—1912），沃拉普克语创造者。

2 Volapük，1881—1889 年间沃拉普克语有 25 期刊、300 多种教材和 300 多个社团，当时有 100 万学习者。

互理解、文化认同及跨文化交际做出了特殊的贡献。考虑到世界语与教科文组织宗旨一致，1954 年，联合国教科文组织做出决议，承认世界语的价值，确定国际世界语协会的咨询地位，确认世界语的创造者柴门霍夫为世界文化名人，1985 年要求会员国和国际组织加强世界语在学校教学中和国际事务中的应用。

自古以来，人类就有强烈的跨文化交流的愿望，跨文化交流愿望需要由跨文化的语言来实现，这种语言就是国际语或者叫世界共通语，但无论是希腊语、拉丁语、英语、法语、阿拉伯语、还是俄语等，甚至汉语，自然语言都不能成为这样的语言，因为民族语言的特有词汇和以及所带有的民族特征，给学习者带来困难。再者说，使用某一民族语言作为世界共通语是其他民族也难以接受。因此在文艺复兴和启蒙运动时期，有很多哲学家、科学家和专家学者，如英国的培根、法国的笛卡儿、德国的莱布尼茨，都曾有国际语理想，都曾从语言和逻辑的关系角度探讨过国际语问题。在他们的思想影响下，出现了很多国际语方案。法国音乐教师绪德尔[1]1817 年提出的索来索语[2]，这种音乐语言曾被称为第一个上口的人造语。1879 年，德国人施莱耶公布了的沃拉普克语虽然曾经作为

---

1 Jean Francois Sudre（1787—1862），索来索语创造者，他于 1817 年开始构思这种语言，1827 年向法国学院推介了索来索语，得到了法国学院的支持，1855 年在巴黎国际博览会上获得奖励，1862 年在伦敦国际博览会获得奖章。1982 年去世以后，索来索语由他的遗孀公布于世。

2 Solresol，以视唱为基础，语法和词汇都由七个音乐音符组成，故它不仅可以书写说话，还能歌唱以及用乐器来演奏的一种音乐语言。

人造语的第一个成功的尝试风行一时，但很快就告别了历史舞台。1902年，俄国人罗森贝格[1]创造了中立语[2]，1903年，有人在它的基础上创造了向民族语言靠拢的中立语。1908年，意大利人皮阿诺[3]主持“中立语”改革工作，抛开了中立语的基础，引进他自己早就发明了的无曲折拉丁语。1922年，乌克兰人[4]埃德加·冯·瓦尔推出了西方语，1949年，更名为英特林瓜语[5]，1951年，美国的国际辅助语协会把这个语言认定为中介语。1984年，法国人A.皮拉斯发表了阿德利语的方案，它的词汇是用电子计算机从英、法、西、德、意5种语言中精选出来的。但这个新方案还不能拥有足够的支持者。桑巴什芒语[6]是人造语言史上最新的一个成员，该语言于2007年发布，混合了欧洲语言，阿拉伯语、中文、土耳其语和印

1 M.Rosenberger（1848—1918），圣彼得堡工程师，沃拉普克语研究院院长，主持该语言的改造。

2 Idiom Nentral，是在沃拉普克语的基础上改造的一种语言，该语言方案于1898年完成，1907年又开始改造，接近法语，与沃拉普克语大相径庭。

3 G.Peano（1858—1932），数学家。

4 Edgar VON WAHL（1867—1948），俄罗斯海军军官，世界语者，离开世界语后推出国际语方案。

5 Interlingua，是由德国哲学家Alexander Gode领导下汇集多种人造语方案公布的一种人造语。

6 Sambahsa-Mundialect是法国人Olivier Simon创造的，译为同一语言——世界话。

尼语。科幻电影里出现的克林贡语[1]是构造较为完善的一种人造语言，也是被国际标准化组织承认的语言之一。

苏联语言学家德雷仁[2]撰写的《世界共通语史》[3]一书中记载了462种人造语，该书成于20世纪30年代。尽管至今已出现过的1000多种人造语方案，但是人们对欧洲古代以及中世纪最早的几个人造语还是持怀疑态度，其实当时只是国际语理想的启蒙时代。德国语言学家德特列夫·布兰克[4]的认为，在上千种规划语里，其实几乎所有的规划语言都是方案，大部分从来没有或者几乎没有被应用。

在众多国际语中，影响最大，应用最广泛的就是世界语，世界语的成功不仅在其语言本身，也有赖于世界语的崇高理想和所承载的国际主义精神，一代又一代世界语者，有识之士不断努力推广世界语，世界语的语言群体已经形成，已成为国际关系中或者说跨文化交际中不可缺少的语言资源和社会力量。2013年，波兰政府把世界语列为非物质文化遗产，2019年初，克罗地亚政府也做出了同样的决定。尽管世界语已经胜任国际语的角色，但仍有不少人在探索创造新的国际语，近20多年来不少人提出过多种语言方案。中国近十几年来，有人过提出大同语、亚洲语，

---

1 Klingon Language，是美国语言学家马克·欧克朗（Marc Okrand）发明的一种语言。

2 Ernest Drezen（1892—1937），苏联著名世界语者，大学教授，术语专家，科学院院士。

3 该书由徐沫翻译成中文，杭军审稿，于1999年在商务印书馆出版发行。

4 Detlev Blanke（1941—2016），德国著名世界语者，语言学家。

地球村语，甚至“新世界语”方案。语言的创造一天都没有停止过，这些语言创造有的是抱有民族平等、反对语言霸权、简便国际交流的理想，但有的不过是突发奇想而已。

世界语是能较好地与各民族语言相比美而又符合语言发展规律的语言，是最成功的人造语言。世界语流行以后，试图修改它的方案有数十种，其中最重要的是伊多语，1907 年，由法国人波弗朗[1]提出、参与其中的有皮阿诺和叶斯伯森等人。1928 年，叶斯泊森自创了新国际语。此外，从中立语改革派转为世界语者的瓦尔也退出了世界语阵营于 1922 年另创西方语。后面 3 个方案都没有成功。1924 年，科特雷耳[2]在美国创建了国际辅助语协会[3]，该协会致力于国际语推荐和采纳，他们拟举办国际辅助语教学实验班，开展国际辅助语与民族语比较教学研究，编写国际辅助语教材，哥伦布大学语言研究所承担了这项研究工作，而世界语和伊多语都没有入选，他们于 1951 年公布了英特林瓜语为国际辅助语。

经过了 100 多年的探索和发展，国际辅助语不断进步，但是具体到某一门语言来说，有的随着历史的进步而进步，有的则退出历史舞台，这便产生了包括世界语在内国际辅助语存在价值的诸多争论。

人类到底是否需要国际辅助语呢？答案是肯定的，毕竟像英语这样

---

1 Louis de Beaufront (1855—1935)，原名：Louis Eugène Albert Chevreŭ，法国世界语运动先驱，法国世界语宣传会创始人，还后来把世界语改良成伊多语，成为这个语言的创造者。

2 Frederick Gardner COTTRELL (1877—1948)，美国教育家。

3 International Auxiliary Language Association，信息不详。

的语言确实比辅助语要难学得多，很多非英语国家的学生都要花费很多时间学习英语，这对于人类来说无疑是巨大的浪费。而英美国家的人母语就是英语，他们不需要专门学习就能掌握这样一门世界性语言，这对于其他语言的使用者来说是不公平的。但是在国际交流上还是需要一门统一的语言，如果英语太难又不中立，那么一门好的辅助语就可以承担这样的责任。但是辅助语在未来依然任重道远，有两个方面依然路漫漫：一是语言本身要发展到完美或接近完美的状态；二是这门最好的辅助语要获得越来越大的势力最终取代英语或其他自然语言，成为全人类在各个领域都通用的世界通用语。如果还不能做到这两点，那么辅助语的价值就很难说得到实现，甚至从人类历史的角度来说可能还是白费力气。

人类语言不通，严重阻碍着各民族交流和世界进步。鉴于民族语言所带有的民族特征和采用民族语作为世界共通语给其他民族所带来的不公，国际辅助语应运而生。然而，国际语理想的提出到现在，300 多年过去了，无数先哲前贤，包括通晓多种语言的天纵之才、语言学泰斗，设计出了上千种国际语，除了世界语以外无一成功。世界迫切需要国际语，这从当今世界有多少人在学习外语、翻译市场何其庞大。有人寄望于翻译软件，然而翻译毕竟只是翻译，永远代替不了直接对话。

目前，仅维基百科网站就有 75 种国际辅助语的介绍，人类追求世界共通语的梦想必将永不停息。

2. 世界语的发展及研究现状

世界语是最成功、应用最广泛的人造语言，1954年，联合国教科文组织承认了世界语的价值并建议会员国大中学校里教授，2017年，世界语成为教科文组织机关刊物《信使》使用的八种语言之一，波兰、克罗地亚将世界语列为国家非物质文化遗产。

世界上究竟有多少人讲世界语？1910年，匈牙利绿星社统计全球有855万[1]人学习世界语，《世界语百科全书》记载，1926年，全球有12.657 6万世界语者。20世纪80年代，英国《英语语言史》一书估计世界语者700万～1 200万之间，英国《语言学家》杂志估计全世界世界语者至少在800万以上，苏联《真理报》1986年估计有1 000万，美国《华盛顿邮报》估计说世界语的人不超过1 000万，纽约出版的《1988世界年鉴》统计使用世界语人数为100万。据2016年范·德克[2]在《国际世界语协会史》记载，世界语的使用群体由5万人发展到50万人。我国采用了苏联《真理报》估计的数字，几十年来普遍认可的宣传数字为1 000万人世界语的学习者。当然这个数字是可疑的，因为统计工作非常困难。

1 1917年1月胡愈之《东方杂志》第14卷第一期。

2 Ziko van Dijk（1973—），德国世界语者，2003—2005年在国际世界语协会贺德勒图书馆工作。

20 世纪 80 年代，《中国报道》杂志社侯志平发起了中国世界语运动现状调查，调查采取问卷方式，通过各地世界语组织或单位层层报送，最后统计数字：中国学习世界语的人数为 40 万人，1991 年末，第二届全国世界语大会上公布的数字为 50 万人，而世界语者林力源称中国有 100 万人学习世界语。侯志平以《中国报道》杂志社名义统计的这个数字带有官方色彩，被媒体广泛采用多年，如同上述国际上 1 000 万数字一样，被媒体采用了几十年。

2015 年，以色列著名世界语者阿米勒·汪戴尔[1]在国际世界语协会机关刊物《世界语》上发表了《世界上有多少人说世界语》一文，文章指出，根据各级世界语组织会员、发行的教材、世界语网站使用者统计，世界语者的数量在 100 万～1 600 万之间。近年来，世界语网站注册使用人数剧增，特别是“谷歌”和“维基百科”使用了世界语，影响深远。用谷歌搜索“世界语”和词条，2013～2015 年，数量为 5 000 万到 8 000 万，2019 年，突破 1.1 亿条。在“脸书”网站上注册的世界语者是 1.4 万，其网站使用人数的 10 亿人次，占世界人口的 15%，按这个网站计算，世界语者有 100 万。2015 年，“脸书”上世界语者人数达到 30 万，全世界世界语者就是 200 万，如果按照法语和德语在“脸书”使用者的数量，全球世界语者就是 200 万到 300 万。无论学习世界语人数增减与否，无疑这个数字是过时的。不久前在葡萄牙里斯本大学闭幕的第 103 届国际世界语大会[2]开幕式主旨发言中，国际世界语协会主席马克教授称“脸书”

1 Amire Wandel，以色列世界语者，国际世界语协会领导成员之一。

2 Universala Kongreso de Esperanto，旧译万国世界语大会、环球世界语大会，是世界语界的盛会。

网站有近200万人注册学习世界语，但大会简报报道的数字为170万人，但据汪戴尔统计，“脸书”网站学习世界语者的人数达到几百万。这个通过现代化大数据手段统计的数字应该是准确的，但注册人数坚持学习与否，那是另外一回事。另外，据统计全世界有60个免费的世界语学习网站，各地的大学也开了世界语选修课，估计世界语学习人数在1 500万～1 800万之间。

研究学习世界语的目的，作者认为有人是纯粹的语言爱好，有的是国际交流目的，也有不少好奇者，但更有一部分人是接触世界语以后，被世界语理想所吸引，被柴门霍夫精神所感染，他们积极投身到世界语运动中来，世界语运动成为他们人生的重要组成部分。也有相当一部分无心参加世界语组织或活动，他们甚至不了解世界语运动的宗旨和意义。在传统意义上，世界语者们谈论的是世界语运动，这个运动就是推广宣传世界语，在政治上主张把世界语列作为国际语或第二外语，按照这个定义，这个运动的追随者或者支持者不一定会说世界语。目前，人们用另外的词来表述世界语群体，即世界语文化群体，这个群体里的人们是用世界语进行沟通交流的，有时也用民族语讨论世界语运动。世界语群体的人数超过欧洲一些小语种母语者，世界语者聚会、交友、结社、文学创作等交际活动频繁，活动中创造了独特的世界语文化。

有些社会学家开始关注世界语群体，也取得了一些社会学研究的成果。据调查2/3的世界语者是男性；平均年龄大约为50岁；因为学习世界语只是在一定年龄开始，也许最小在13～15岁；一些儿童世界语者在两种语言和世界语语境下成长；世界语者住在中等以上城市，属于中等社会阶层，受过良好的教育。典型的世界语者是勤奋的、有语言天赋、会多种语言，同时对音乐和宗教感兴趣。

非同一国籍的世界语者夫妻也不少，他们的后代几乎都是世界语母语者，第一位世界语母语者出生于 1904 年，她就是西班牙的布里略·叶梅利亚[1]，到目前为止这个家庭已经延续了四代世界语母语者。

据《世界语百科全书》记载，1899 年至 1933 年，异国世界语夫妇共 56 对，前国际世界语协会主席科尔塞蒂[2]教授 2004 年统计，世界上大概有 2 000 多名世界语母语者，他们一出生就生活在世界语环境下，不用专门学习就能说出一口流利的世界语。在 1985 年尼古拉·拉希科[3]发起的国际世界语群体调查中，大约 17% 的世界语者是政党的成员；大概 1/3 是共产党员；这 17% 的政党成员当中最多的是社会党党员、社会民主党党员，左派激进党或者现代派党员。

据统计，有 1/3 的被调查人员认为，在国际交往和国际合作中最大的障碍是语言问题，他们认为最多的问题是南北冲突、东西冲突或者是各族人民之间的文化差异问题。世界上大部分人反对用民族语充当国际语。

---

1 Emilia Gastón Burillo(1904—？)，父亲Emilio Gastón Ugarte（1877—1925），西班牙世界语运动的先驱。

2 Renato Corsetti（1941—），意大利世界语者，语言学家，大学教授，曾担任意大利世界语协会主席、前国际世界语协会主席，世界语研究院院士。

3 Nikola Rasic（1957—），克罗地亚裔世界语者，荷兰国际语和世界语学科带头人。

讲世界语最多的是欧洲人，或者是生活在较发达的国家，比如日本、韩国、美国、澳大利亚等，其次是中国、巴西、越南、马来西亚等，近年来马来西亚学习世界语人数增加，据说马来西亚外交学院把世界语列为必修课。世界上有很多高校开设了世界语课程，匈牙利厄特沃什罗兰大学于1966～1987年开设世界语专业，后来开设了研究生课程。2018年，枣庄学院经教育部批准开设了世界语本科专业，并首次在山东省内招生25名世界语本科生。波兰密茨凯维奇大学开办有关世界语学习的研究生专业。东欧国家曾是世界语运动发达的国家，世界语活动得到了各国政府的支持，但东欧剧变以后，世界语运动也步入了低谷。

大部分研究人员对世界语学感兴趣，随着柴门霍夫传记的出现，世界语史学方面的研究取得了一定的成果。这方面的工作一般都是研究某一个国家世界语运动专门史，研究工人世界语组织或者某些专门领域世界语运动历史的也不少。最著名的世界语史学家是德国的历史学博士乌尔里希·林斯[1]，他曾在1989～1995年担任国际世界语协会的副主席，他以研究世界语迫害史而闻名。1973年和1988年，他出版了《危险的语言》一书，2016年，国际世界语协会再版了这本书，再版的内容有较大的变动，书中主要涉及迫害世界语最多的是纳粹德国和斯大林时期的苏联。

1927年，历史学博士爱德蒙德·普里瓦[2]出版了《世界语史》，这部史学著作是研究早期世界语运动史必读的图书之一。这部著作和1920年

1 Ulrich Lins（1943—），德国世界语者，历史学家，《危险的语言》一书的作者。

2 Edmond Privat（1889—1962），瑞士人、历史学博士、大学教授、国际著名世界语活动家、国际世界语协会、国际世界语运动中央委员会主席。

出版的《柴门霍夫传》都具有世界语的理想主义色彩。1932 年出版的《世界语运动组织和历史》，1933 年出版、1986 年再版的《世界语运动百科全书》[1]，中国世界语者黄尊生参加了该书的出版编辑工作。

世界语史学研究的另一个成果就是发现了社会主义国家世界语者的贡献，社会主义国家的世界语者就非常活跃，特别是前苏联世界语运动的领袖德雷仁，他著有《柴门霍夫传》一书。德雷仁之后是原东德世界语协会的总书记布兰克，他对工人世界语运动和民主德国世界语运动的做了很多研究。从 1991 年到 2004 年，他主要研究东欧各国世界语运动，出版了很多学术著作，发起并主持了多届国际世界语学研讨会，成为国际著名的国际语学、世界语学专家，不幸的是布兰克于2016年因车祸身亡。

在社会学研究方面值得一提的是拉斯科于 1994 年出版的调查报告《家园》和对一些研究成果的评论。社会学的另一篇作品是彼得·格洛弗·福斯特[2]发表的论文《世界语运动》（1977～1982 年），这篇论文的核心是他对英国世界语者的调查，作为对国际世界语运动历史的补充，包括工人世界语者。另外还有几个国家世界语运动专门史的研究都取得了很多成果。

2004 年，为了迎接北京第 89 届国际世界语大会，我国出版了世界语运动研究专家侯志平编写的《中国世界语运动简史》一书，这是研究中国世界语运动非常有价值的一部著作，是了解中国世界语运动史必读

1 Enciklopedio de Esperanto，1933 年由匈牙利《文学世界》社出版，1979 年、1986 年由匈牙利世界语协会再版。

2 Peter Glover Forster（1944—2003），英国社会学家。

的图书之一。侯志平曾是《中国报道》杂志社副社长和中国世界语出版社负责人，一生收集了很多世界语运动的史料，2013 年，他把毕生收藏的史料都捐赠给了枣庄学院世界语博物馆，馆内设有侯志平藏品陈列馆。

世界语运动史料还包括一些回忆录，其中最重要的是汉斯·雅各布[1]的回忆录。他把国际世界语协会的历史写到 1958 年，但最后没有出版。韩国世界语协会编印的《我和世界语》，日本学者后藤齐编撰的《日本世界语人物词典》和侯志平、李建华编写的《中国世界语人名录》、枣庄学院组织编辑的《中国世界语运动史料》对世界语运动史的研究都有非常重要的意义。

世界语史的研究对象比较多的是柴门霍夫，柴门霍夫去世不久就出版了普里瓦和他人的著作《柴门霍夫的一生》。柴门霍夫诞辰 100 周年之际，出版了英国文学家马乔里·布尔顿[2]编著的《柴门霍夫》一书。日本的伊藤干治[3]致力于柴门霍夫作品及生平的深入研究，并且以 Ludovikito 为笔名编辑出版了《柴门霍夫全集》，其中有 1982 年出版《柴门霍夫的一生》，还有 1948 年出版的语言学家、宗教史学家加斯顿·瓦伦金[4]编辑的《柴门霍夫书信集》，书中收录了柴门霍夫于 1901 年到 1914 年与法国世界语者来往信件的手稿，对早期世界语运动和柴门霍夫思想的研究

1 Hans Jakob NOTZ，笔名：George Agricola（1891—1967），德籍瑞士世界语者，瑞士社会党党员，国际世界语协会办公室主任。

2 Marjorie Boulton（1924—2017），英国著名世界语者，世界语作家。

3 Ito Kanzi（1918—2005），日本著名世界语者。

4 Gaston Waringhien（1901—1991），法国教授，辞书专家，世界语史学家。

非常有意义。曾在国际世界语协会担任图书馆及档案管理工作的，德国青年历史学家范·德克的《国际世界语协会史》[1]也是一部重要的研究成果，作者通过对国际世界语协会历史的研究，特别是对其中立主义的研究，展现了国际世界语协会在不同历史时期所历经的磨难和斗争。

在期刊方面，比较突出的是国际世界语协会的机关刊《世界语》杂志，这本杂志是国际世界语协会1905年成立以来与其共同成长的见证物。其次就是尹·特奥·荣[2]于1920年出版的《世界语信使》周报，亚当·菲古拉斯考斯卡[3]于1962年到1996年接办了这个报纸。这个周报曾一度停办，2017年复刊。中国出版的《中国报道》曾被称为世界上最美的世界语杂志，《中国报道》创刊于1950年，1953年，因德国外交事件停刊，1957年复刊，2000年转为电子版。这里还需要提到的《国际文化》《文学市场》《超民族杂志》等，大部分世界语杂志是专业世界语协会或国家世界语协会出版的。日本世界语协会主办的月刊《东方评论》混排杂志定期出版。国际性的有安德烈·崔[4]的《实践》和青年世界语者的《联系》杂志。除了《世界语》杂志以外，国际世界语协会每年出版的《年鉴》是最重要的出版物，内容包括各国世界语组织的信息和国际世界语协会代理人的地址。国际上最大的世界语组织是1908年成立的国际世界语协会，根据《国际

1 该书中文版于2016年由山东大学出版社出版。

2 Teo Jung（1892—1986），德国著名世界语者，出版家。

3 Ada Fighiera-Sikorska（1929—1996），波兰女世界语者。

4 Andreo Cseh（1895—1979），匈牙利著名世界语者，神父，世界语直接教学法——崔氏教学法的发明人。

世界语协会2018年鉴》统计的数字，2017年，协会拥有71个国家协会的8 570名参加国会员和来自121个国家的4 501名个人会员。国际世界语协会还拥有下属专业组织或合作协会。世界语是全世界所有人的中立语言，国际世界语协会也是中立的国际组织。

国际世界语协会宗旨任务：

扩大世界语的应用范围；解决国际关系中的语言问题；方便国际交流和沟通；在不同民族、不同种族、不同信仰、不同政治或者语言的背景下，方便国际间物质文化交流；培养会员间彼此信任的感情；促进各族人民之间的互相尊敬与理解。

3. 世界语的困惑

世界语既然是一种拥有国际主义理想的国际辅助语，而且简单易学，为什么没有成为公众所认可的第二语言，甚至还没有哪个国家把它作为官方语言，当然有很多原因。最大的原因是与利益有关，只要利益所在，再小的语言都有人学习，当然要排除语言爱好者和理想主义者。世界语只是一种国际辅助语，其目的不是取代现有的民族语，当然不会有哪个国家把世界语列为官方语言。在国际文化交流、科技经济活动中世界语是非常小的语种，自然学习的人就少。另外，世界语的推广还有赖于国际组织以及各国的语言政策。

国际语或者说世界语发展最大的障碍是民族主义和列强大国，美国、法国、德国和苏联都对世界语进行过打击迫害，一些民族主义国家把世界语视为影响民族语纯化和发展的阻力，把世界语视为影响国家民族意志实现的障碍。

没有哪个国家愿意把世界语接受为工作语言，当然世界语也没有这个野心，只不过是方便不同民族之间的交流而已，这就是国际辅助语的定位。再者，大国语言的霸权地位不可动摇，其完备的教学体系、严谨的考试系统、丰厚的教学利益都是坚不可摧的。据说英国英语师资和教材的输出与北海石油输入等值。汉语也是联合国工作语言之一，但是中国也投入巨额资金推广英语，对中国社会影响极大，甚至书法、中医、武术和京剧这样的国粹专业也不得不考英语，学习英语固然重要，但把学习英语作为如此全民普及的攻势，收效甚微。虽然全民学英语，但能说的人还是凤毛麟角，甚至有人说，中国的英语教授说不过伦敦街头的“叫花子”。升学考试、就业、专业技术职务晋升，全社会跟风，与外语无关的岗位都要考英语。在当今社会成才、成名、成功的道路上，必过的重要一关就是英语考试。于是，全面学英语之风大兴，学校里学、社会上学、小学学、大学学，到了研究生还要学，上千亿的英语培训市场都在分享这英语培训这块蛋糕。一些名为世界语的学校也不得不抢这块蛋糕。以福州世界语学校为例，福州世界语学校1997年举办了世界语、英语、日语、西班牙、德语培训班，共招收860名学员，世界语学员仅有4人，而且都是应付职称外语考试。山东临沂世界语协会也举办了多期英语培训班。功利主义、利己主义和狭隘的民族主义者也不会给世界语以发展的空间。好在，在高度文明的社会，人们开始觉悟起来，反对语言霸权，抵制文化侵略的呼声不断，提倡语言平等、保护语言多样性和小语种的声音也越来越大。

世界语在语言学方面的争议也不少，这种学术上的争论也影响了世界语的发展，国际世界语协会开展过两次这方面的争论，其中的争论带有种族和政治色彩。一是在组词方面对国名后缀的争论。世界语里表示国家的后缀有“-uj-”和“-i-”，而且都被广泛应用，比如日耳曼人“germano”，加上“-uj-”就是“Germanujo”德国，但“-uj-”也用于表示容器，如咖啡“kafo”，咖啡盒“kafujo”。使用在表示国家名称时强调了在现代国家里的种族特性，因此国际世界语协会创始人贺德勒[1]喜欢用“-i-”来表示国家，如德国“Germanio”，日本“Japanio”，尤其得到了多民族国家的支持，如“Belgio”比利时等。在左翼的工人世界语协会——全世界超民族协会和东欧各国世界语协会多使用“-i-”作为国家的后缀。国际世界语协会和世界语研究院也认可这个表示国家的后缀。自1990年开始，国际世界语协会《年鉴》可以看到只有“-i-”这个表示国家后缀的词。这个表示国家的后缀被广泛使用，但“-uj-”也有不少使用者。除了种族色彩，还有保守主义，对语言语法应用也是争论的一部分。

另外一个争论就是世界语长期不能确定该如何正确使用“被动过去时时态”的问题。大部分人喜欢用“-ita”形式，而少部分人喜欢用“-ata”形式，如La libro estis presita，La gazeto estis presata（书印完了）。这少部分人似乎主要来自讲日耳曼母语的人，而国际世界语协会前主席伊沃·拉本纳[2]坚持维护大多数人的观点并引发了进一步争论。大多数世界语者认为没有必要讲得太细，语言主要目的就是交流。

除此以外，还有一些女权主义者提出世界语在构词方面歧视妇女，比如：“viro”（男人）加上阴性后缀“-in-”则成为“virino”（妇女），日本青年世界语者山口小静就提出过这样的问题。当然这个问题很小，也谈不上什么争论。

1 Hector HODLER（1887—1920），瑞士世界语者，国际世界语协会的创始人。

2 Ivo Lapenna（1909—1987），南斯拉夫世界语者，世界语运动杰出的领袖。

民族主义者或者说利益集团是世界语发展的障碍，即使他们表面上不反对世界语，但是在心理上还是难以接受世界语，在实用主义者面前，他们总是说世界语没有用，也就是世界语不能给他们带来名利。世界语的学习人数越少，世界语的用处就越少。实用主义者不会考虑世界共通语的问题，也不会考虑世界人民平等交流问题。奇怪的现象是，中国很多高级知识分子也都不看好世界语，一是他们是在英语霸权主义教育环境成长起来的，二是他们认为中国的国际话语权增强，汉语是最好的国际语。

每个民族都认为自己的语言是最优秀的。俄罗斯学者，莫斯科大学的奠基人罗蒙洛索夫说过：罗马教皇卡尔五世说过，西班牙语适合与神交往，法语适合与朋友交谈，德语适合于与敌人对话，意大利语适合于与女性交流，如果他懂得俄语，那他一定要说它适合于与上述所有人交谈，因为在俄语中能发现西班牙语的壮丽宏伟、法语的生动活泼、德语的坚强刚毅、意大利语的温柔优雅，另外，还具有希腊语和拉丁语的丰富和极其简洁的表现力。

从科学的角度出发，所有的语言都是平等的。从交际的角度出发，丹麦著名语言学家叶斯伯森说过："不论从哪个角度看，对人类大多数人来说最易于交流的语言就是最好的语言。"

某年中国中央电视台的春节文艺晚会，当主持人用英语采访法国女歌唱家，而这位女歌唱家回答说："我是法国人。"主持人没有反应过来，又用英语说了一句，这位法国歌唱家直接反问："请问你是哪国人？"

这个几十秒的镜头也许没有引起太多人的注意，只能引起语言平等倡议者或者说语言保护主义者的注意。还有某著名节目主持人涉外采访，无论被采访的人士来自哪个国家，他都是用英语直接采访，似乎被采访者都应该会说英语。

维基百科世界语文献已经达到28万余条，中国的使用者和贡献者都很少，这个事实已经说明了上述的问题。中国丹东的退休英语老师张伟，近年来经常出国参加世界语活动，2018年，他参加了葡萄牙里斯本第103届国际世界语大会，会前和会后参加了国际世界语者教师大会和其他活动，回来后就赴韩国与韩国著名世界语者徐吉洙见面，而后带领徐教授到新疆对文化历史进行考察，10月又到韩国参加了世界语活动。在他的微信里，他报道说，韩国很多大学教授学习世界语，而中国教授很少有学世界语的。他说这是价值取向问题。我看这也是受英语的影响，在功利主义的“导向牌”下，学世界语就是不务正业。

第二章　启蒙时期的艰难困苦

1. 柴门霍夫的理想

世界语创造者柴门霍夫于 1859 年出生在波兰东部的小城比亚里斯托克，这个小城里居住着讲意第绪语的犹太人，还有的波兰人、俄罗斯人和日耳曼人，各民族经常因为语言不通而产生各种矛盾与隔阂，甚至发生各种争斗，柴门霍夫在童年时期就感到因语言不通而带来的烦恼和困惑。他从 14 岁开始随父母迁居到了华沙，华沙和比亚里斯托克一样也是多语种混杂区，这里的犹太人居多，还有一些其他少数民族。在非犹太区，柴门霍夫的名字是路德维克，他的姓来源于德语，全名就是拉扎鲁·路德维克·柴门霍夫。他的父亲马克·柴门霍夫[1]是喜欢俄国文化的犹太人，曾是私人德语和法语教师，是三位有资格在波兰公立学校教学的教师之一，最后成了教学督导和华沙出版检查官。马克·柴门霍夫育有 11 个子女，柴门霍夫是长子。

柴门霍夫波兰语的名字“拉扎鲁”是他父亲看到德语和法语一个街道的名字，受到启发给他起的。在拉扎鲁街道的学校，学生必须先学习古希腊语和拉丁语，后再学习英语。柴门霍夫比较喜欢希腊语和拉丁语的中立性，而英语的表现形式吸引了他。柴门霍夫自己承认：他非常喜欢俄语，并曾梦想着成为一名俄语作家。除了俄语以外，他还能讲流利的

1 Marko Zamenhof（1837—1907），信息不详。

德语、波兰语。他可以用法语自由阅读，但说得很少。他大约会 8 种语言。柴门霍夫于 1879 年到 1885 年在莫斯科和华沙学习医学并取得博士学位，成为一名眼科专家。1903 年以后，他的经济状况有所好转。1905 年，他第一次出国，去法国参加首次国际世界语大会，1917 年，因心脏病去世。

柴门霍夫生活在希伯来贫民区，贫民区里的语言混杂，矛盾和冲突频发，于是他就开始思考人类共同语的问题。他说：没有什么比人类隔阂更不幸，没有什么比国际上对中立语言的需要更强烈。

1881 ～ 1882 年，波兰发生了对犹太人的大屠杀行动，年轻的柴门霍夫因参与犹太运动被流放，因为他在华沙成立了“犹太复国小组”。而到了 1882 年，柴门霍夫发现个人力量有限，他也看到其他犹太人只想着经济利益，而没有真正地向巴勒斯坦移民。他还对华沙的犹太青年不满，特别对那些对犹太贫民漠不关心的中产阶级犹太人表示不满，对犹太民族失去了信心，1885 年前后，他离开了犹太复国运动。1896 ～ 1897 年，犹太复国主义有了新的动向，但柴门霍夫已经不再参加犹太复国运动。1914 年，他甚至不想参加犹太人世界语协会，他认为：每一个民族主义者都会给人类带来不幸，被压迫民族的民族主义者比压迫别人的民族主义者更值得同情，强大民族的民族主义者是无耻的，弱小民族的民族主义者是不明智的。也就是说，人人都要为人类的和谐而奋斗。犹太出身的柴门霍夫除了短暂的犹太复国主义思想以外，贯穿他一生的就是国际语理想。

早在 1901 年，柴门霍夫就开始探索宣传民族和宗教和平相处的哲学思想，在他看来，语言和宗教的不同是仇恨的根源，而非政治、经济、出身和种族的原因。最初，他把他的思想按照犹太教理论叫作“希莱尔主义”，后来进一步提升为“人类一员主义”。

“人类一员主义”就是保留自己的传统信仰和语言，接受统一的思想和中立的语言作为和平共处的原则，在个人生活中按照自己的意愿使用自己喜欢的语言，但在与他人交往中或者在公共机构里要使用中立的语言，这个中立的语言就是世界语。

柴门霍夫的理想主义，促进各民族团结的“人类一员主义”成为世界语者核心信仰之一。

柴门霍夫构建了世界语理想之后，便开始世界语宣传推广工作，他将毕生的精力奉献给了人类的和平和世界语事业，他对世界语事业抱有很大的希望，他说：“将来总会有一天世界语会成为全人类的财富。”但现实并非他想象的那么简单，民族主义，种族主义、个人主义、自由主义都影响了世界语的推广和普及，甚至纳粹主义还对世界语运动给予了致命的打击。

2. 纽伦堡事件

纽伦堡从1885年开始有一个旨在推广沃拉普克语的“世界共通语俱乐部”，1887年，人们发现了沃拉普克语的缺陷，引起了争议，这个争议导致了这个俱乐部于1888年12月转向了世界语。在这次事件中起决定性作用的是犹太教师、作家利奥波德·爱因斯坦[1]。他还编辑出版了第一本世界语教材。

柴门霍夫和这个俱乐部合作创办了世界上第一份世界语杂志《世界语者》[2]。《世界语者》创刊于1889年9月1日，当年年底这个杂志发展了113个订户。尽管发行量很少，但表明世界语已经是可以用于书面的语言。当时也出版了包含1 000名世界语者的通讯录，这两个出版物在世界语草创时期发挥了重要的作用。

柴门霍夫不想把更多的时间用于世界语的语言建设，而是想创建世界语组织，以利于发展世界语。柴门霍夫在1889年12月出版的一期《世界语者》杂志上公布了成立“国际世界语者联盟”的告示，纽伦堡俱乐部也加入了这个联盟。

1890年11月，联盟所发出的紧急通知使读者措手不及，联盟要推

1 Leopold Einstein（1834—1890），德国早期世界语者。

2 Esperantisto，枣庄学院世界语博物馆藏有这个杂志首页的影印件。

选领导机构。柴门霍夫在《世界语者》杂志上发表声明，称杂志上公布的章程是被篡改的，纽伦堡俱乐部行为不端。柴门霍夫提醒，生活在不同的社会环境和法律制度下，世界语者联盟不能和其他组织一样。这个事业必须把握在真心为世界语办事的人手里，不能落在只是交了一点赞助就脱离世界语运动的人手里。在原会章里，选票的多少并非取决于俱乐部的人数，而是所交的会费，因此柴门霍夫拖延了这个联盟的成立。在接下来的一期杂志上，柴门霍夫报道说，他得到了一些世界语者提醒，说联盟在制造矛盾。

这是世界语者之间的第一个冲突，这个冲突持续很长时间。柴门霍夫首先面对是集权的斗争，他们要安排调查即将成立的 25 个俱乐部，但当时全世界只有三四个俱乐部。柴门霍夫发现这个势头不对，他要重新担任《世界语者》杂志的编辑，事前他曾因为没有时间而放弃了编辑职务。《世界语者》杂志坚持在纽伦堡出版发行。1890 年夏天，柴门霍夫安排施密特把柴门霍夫寄的稿件原汁原味地刊登在《世界语者》杂志上，因为柴门霍夫要保障这个杂志的 1/3 的经费。多亏有些捐助，柴门霍夫才能继续出版这个刊物。真正意义上的矛盾是，纽伦堡俱乐部单方要改良世界语。事实上当时的沃拉普克语者，是在世界语可以被改进的条件下才加入的。在 1890 年 3 月份出版的柴门霍夫公告称，世界语并不完美，是可以改进的。1889 年，他在《世界语者》杂志上写到，这个语言的进一步发展完善掌握在会员的手里。基于这个意义，柴门霍夫于1893年成立了新的协会，这就意味着这个杂志的订户都是这个协会的会员。他收集对语言改革的建议并把这个权力交给会员来表决。1894 年，柴门霍夫介绍了被改进后的世界语，但是读者并不接受这个被改进的世界语。柴门霍夫的这个让步主要是因为上述原因，在实际应用中他还是坚持 1887 年的世界语方案。1907 年，柴门霍夫在信中写道：他自己希望世界语被完善，但改进只能是更完美。如果全世界都看到世界语是随意改变的，也许就没有人愿意为世界语而工作了。因为当时的人们对世界语改进没有保障，只是当时的政府或者其他强权拿世界语说事，按照他们的意愿考虑改进的问题。

大部分世界语者没有更多地注意到这个纽伦堡事件，在 1890 年俱乐部章程里，纽伦堡俱乐部把自己国际联盟的内容排除了政治和宗教倾向，柴门霍夫和纽伦堡人之间没有政治隔阂，但是这个事件突现了国家和世界语组织之间的问题。

3. 俄国早期的世界语运动

由于纽伦堡事件，柴门霍夫失去了世界语改进派人物罗贝尔[1]的资助，1895年，因列夫托尔斯泰[2]的《理智与信仰》稿件被《世界语者》杂志采用，杂志被禁止进入俄国，《世界语者》被迫停刊。1905年底，乌普萨拉创办了《国际语》杂志，杂志很快就被发行到匈牙利和法国。《世界语者》和《国际语》这两本杂志在当时起了至关重要的作用，几乎是世界语草创时期联系世界语者的纽带。

托尔斯泰作品被翻译成世界语后，引起了俄国政府对世界语活动的密切关注，他们担心，世界语是极端危险思想的载体。《世界语者》的停刊致使俄国世界语运动停滞了10年之久。1909年，一些关押政治犯的监狱里出现了世界语组织。特别是在州府层面上，刁难世界语者的事经常发生。1911年，彼得柯夫警长下令，铲除街上的世界语广告。

世界语在俄国的发展尽管是困难重重，但也吸引了一些知识分子和工人加入到世界语运动队伍中来。随着俄国革命的开展，警方也将注意力转移到世界语运动上来。奥廖尔州府发现，俄国社会民主工人党地方支部成员筹建世界语小组。1912年，沙皇保卫公安部颁布特别法令，要抵

1 Wihelm Heinrich Trompeter（1839—1901），《世界语者》杂志的出版人。

2 Lev Tolstoj（1828—1910），俄国作家。

制巴黎革命世界语者的行动，特派员调查报告了俄国世界语支持者和巴黎革命世界语“解放之星”[1]情况，他们说这个组织是革命世界语运动的摇篮。为了进一步收集情报，俄国警备部动用了俄国使馆的力量。1912年档案记载，潜伏在“解放之星”组织内的巴黎特派员汇报说，俄国很多人对世界语感兴趣。

沙皇俄国和其他专制国家把世界语视为危险的语言，因此他们反对世界语的传播，迫害其语言学习者。

尽管俄国政府怀疑世界语，但是还是有人成立世界语组织，1889年，莫斯科首先成立了世界语组织。1892年，经内务部批准“希望”世界语社在圣彼得堡成立，1908年，圣彼得堡成立了全国性组织——俄国世界语者联盟[2]（RLE）。联盟的主席是日俄战争的战斗英雄，亚历山大·波斯特尼柯夫[3]上尉，1911年，他因涉嫌间谍事件被捕。后来证实，波斯特尼柯夫的间谍活动没有牵扯到俄国世界语者，但这个拥有900名会员的协会还是被解散了。在这个事件的影响下，1912年初，莫斯科世界语者举办世界语大会的申请没有获准。但是当年，国际世界语协会代表普里瓦收到了俄国总理令人欣慰的消息，他说俄国政府看到了世界语的科学性，世界语与波斯特尼柯夫上尉事件无关。

1911～1912年间，俄国商务部批准世界语者代表俄国参加国际世

1 Liberiga Stelo，是1906年在法国巴黎成立的国际工人世界语组织，原名“和平－自由”组织，第一次世界大战后，并入1921年成立的全世界超民族协会。

2 Ruslanda Ligo Esperantista，信息不详。

3 Aleksander Postnikov（1880—1925），俄国著名世界语者。

界语大会。1913年，俄国政府每年向圣彼得堡世界语小组资助1 000卢布。1914年与1915年交替之间，俄国世界语联盟复会。

1915年春，德国军队进入俄国，国内的政治和经济危机使沙皇在1917年初失去了统治地位。3月8日俄国解放，《波浪》杂志最后两期以巨大篇幅详细报道评论了这场革命。1917年4～5月份，俄国的《波浪》受二月革命的影响而停刊。在最后一期杂志里，看到了莫斯科成立全俄世界语者协会或者联合会的计划。同时还看到了来自圣彼得堡和彼得格勒有关世界语活动的报道，说革命运动助推了世界语运动的发展。在《波浪》杂志里还看到了世界语者与社会主义者的报道。

战争结束以后，讲多种语言的战俘和外国士兵被世界语所吸引。“全世界无产者团结起来”口号使每个工人都学习国际语成为必要。

拉脱维亚工程师、首次世界大战的陆军少尉德雷仁成为苏联世界语运动的领袖，1917年“二月革命”以后，他参加了社会革命党左翼，当年就成为一名布尔什维克。

据说列宁在年轻时在国外也学习过世界语，并将世界语称为“全世界无产阶级的拉丁语”，1914年6月18日，列宁还在第二国际的布鲁塞尔大会上，用法语和世界语宣读了自己的报告。

“十月革命”后，列宁曾在自己的官邸接见过列宁格勒世界语团体“希望”世界语社的社长与秘书，对苏联的世界语运动作出过重要指示，并授意召开全苏联世界语者大会。

随着列宁热爱支持世界语的说法越传越广，不少世界语者对苏联趋之若鹜，苏联境内的世界语者人数也大量增加。1926 年，苏联发行了庆祝第六届国际无产阶级世界语大会的邮票。

苏联的高级领导人里，除了列宁以外，红军的缔造者托洛茨基以及列宁的“最亲密的战友，最忠实的学生，和最得意的接班人”斯大林也都学习过世界语，尤其是作为“非专业的语言学家”并“对语言问题深有研究”的斯大林同志，在 1914 年被流放期间，就开始很认真地学习了世界语，但后来苏联世界语运动遭到了打击，直到 1956 年解冻。

4. 世界语在法国的发展

世界语运动第二个时期就是法国时期或者叫宣传时期。这个时期最具有代表性的人物是具有传奇色彩的波弗朗，波弗朗是一名私人教师，神学博士，于1888年学习世界语，成为法国第一名世界语者。他编写过《世界语教材》和《世界语语法》，对世界语在法国的推广做出了重要贡献。他发表了很多世界语的宣传文章，他引进绿星作为世界语活动的标志，创办了世界语宣传会和《世界语者》杂志，在组织上推进了世界语运动的发展，他把一些知识分子引进到世界语运动中来。

波弗朗去世以后，他神秘的面纱被揭穿。他的名字路易斯·德·波弗朗、侯爵爵位、身份都是假的。他的真名叫路斯尤金艾伯特[1]，出生于贫困家庭。有人说，这位出生于寒门、自学成才的人，长期隐瞒自己真实身份的目地是为了给世界语早期宣传赢得更有利的地位。

1898年1月，波弗朗成立了世界语宣传会，其宗旨是在法国、法语国家和地区推广世界语。在它的《年鉴》中也提到了法国以外及法语国家世界语者的联系地址，但都是个人会员，与各国世界语组织联系不多。会刊《世界语者》主要是用法语编辑出版，带有少量的世界语。为了开展对外宣传，1903年7月，这个宣传会更名为“法国世界语宣传会”，

1 Louis Eugène Albert Chevreŭ，波弗朗的真名。

可以说这个法国世界语宣传会是法国第一个国家级世界语组织。

波弗朗通过这个宣传会为世界语运动引进了很多优秀人才、社会名人和各种社会团体支持世界语，也为《世界语运动百科全书》编辑出版做出了贡献。

这些优秀知识分子和知名人士是1898年接触世界语的，1904年加入到世界语队伍来的三个法国人。一是巴黎世界语小组的主席数学家、机械学教授卡洛·布尔莱[1]先生，他于1906年开始出版《杂志》刊物，并且积极主动、终生不渝宣传世界语。二是语言学家泰奥菲尔·卡尔[2]教授，他动员阿谢特出版社出版了一批世界语图书，他创办了世界语印刷社并且于1907年接管了《国际语》杂志。三是世界著名的弹道专家，法国科学院院士、伊波利特·塞伯尔将军[3]，他于1905年在巴黎设立了世界语者中央事务局。塞伯尔、卡尔、布尔莱和波弗朗成为巴黎四名著名世界语者，他们都有自己所从事的世界语事业。波弗朗成为第一个目标明确的世界语宣传家，他采用现代宣传的手法，逐步把在资本主义时代在国际关系中关注世界语应用的人吸引到世界语运动中来，有人把他称为法国世界语者之父。后来，他把世界语改为伊多语，成为伊多语运动的主要领导人。

法国知识分子和托尔斯泰的革命者有所不同，对斯拉夫和东欧的犹太人来说，法国人不喜欢谈论世界语者的“情义”，也不愿把世界语当

1 Carlo Bourlet（1866—1913），法国教授，数学家，因误吞鱼骨身亡。

2 Theophile Cart（1855—1931），法国中学教授，语言学家，1909年担任法国世界语宣传会主席，1920年担任世界语研究院院长。

3 Hipplyte Sebert（1839—1930），法国将军，弹道科学家。

作民族解放和拯救社会的工具。在世界语里，他们只是重新审视人类文明进程中语言发展的成就。基于这个思想，他们提高了世界语的社会地位，使世界语在西欧上层社会赢得了尊重。

俄国人和法国人之间的差别就是理想主义和实用主义之间的差别。柴门霍夫提供了这个人类理想主义的思想基础，法国人践行了世界语的实际应用。

法国世界语者注重实践应用，但他们中也有理想主义者，他们的认识一致，如果不坚守“中立”的思想，弱小的世界语运动也许就要衰亡。但东欧世界语者反对这种思想，1905 年，他们开始讨论成立“全世界世界语者联盟”。为了世界语发展，柴门霍夫也提请辞去世界语运动领袖职务。两种不同的观点开始对立，一种观点来自法国人，一种来自斯拉夫人。波弗朗指出民族太多、传统繁杂，他反对成立国际组织，以免引起政府的疑心，因为民族利益问题政府已经把世界语者视为危险人物。

1905 年夏季，在法国布伦召开的首届国际世界语大会上，成立国际世界语组织的提案没有被通过。部分原因是法国世界语运动领导人个人之间的嫉妒，他们都想掌控法国世界语运动，而不想用驾驭在国家之上的世界语组织给法国政府带来负担。

法国人遵循语言发展规律是明智之举，那就是把世界语者从幻想中解放出来，以免世界语成为弱势群体；在欧洲实用主义的小资产阶级中推广世界语；不给政府留下迫害世界语的借口。他们不排除不同世界观的人们对世界语所带有的经商、旅游、科研等个人目的，这个观点得到了积极的响应。世界语在法国影响扩大，但也引起了法国民族主义者的注意。

当时贺德勒在《世界语》杂志上发表的一系列关于战后未来世界秩序的文章受到指责，1916 年，法国禁止国际世界语协会机关刊《世界语》进入法国。

后来，法国世界语运动的先驱们避免把世界语与和平主义混淆在一起，避免谈论柴门霍夫的犹太裔身份，他们特别提出不要激发民族主义和德雷福斯事件后法国资产阶级反犹太势力。另外，与俄国不同的是，法国世界语者有能力让社会听到他们的声音并扩大世界语的影响。

因为第一次世界大战的爆发，原定于 1914 年 8 月在法国巴黎召开的第十届国际世界语大会被迫停止，大会报名人数为 3 700 多人。有些参会人员已经在途中，不得不中途返回，有的因为战争封锁，难以回国，就被送进了难民营或集中营。集中营里的各国世界语者互相通婚，因此也出现了一批世界语母语者。远东日本战俘营也开设了世界语班，匈牙利作家尤里·巴基[1]的小说《绿心》[2]就描写了集中营里的故事。

1 Julio Baghay（1891—1967），匈牙利演员，世界语原创作家，1911 年作为战俘在西伯利亚集中营被关押了 6 年，曾担任世界语研究院副院长。

2 这部小说的中文版由黄石世界语协会于 1983 年作为学习资料内部印发。

5. 首届国际世界语大会

随着世界语的推广和世界语者人数的增加，应用的机会就越来越多，特别是面对面的交流。世界语者曾举办过一个小聚会，这个小聚会给世界语者带来了惊喜，世界语不仅可以用于书面交流，而且可以像民族语一样用于口语。

1904 年 8 月，在加莱马尼卡麦哲伦蒸汽船上举办了两天的世界语聚会活动，180 名世界语者参加了活动，参加最多的是法国人和英国人。布洛涅[1]世界语小组负责人阿尔弗雷德米肖[2]律师宣布第二年举办国际世界语大会。

1905 年 8 月 7～12 日，首届国际世界语大会在法国滨海布洛涅举行，来自 20 个国家的 688 位世界语者参加了大会。为了把世界语与个人理想区分开来，避免世界语被外来思想所左右，大会接受了世界语运动遵循至今的“世界语主义宣言”。这个宣言把世界语主义宗旨定义为：致力于中立语言在全世界的应用和推广。并着重强调：世界语者与世界语主义相关的个人观点，思想问题完全是个人的私事，世界语主义对此不负

1 法国北部海滨城市，旧译布伦。

2 Alfred Michaŭ（1859—1937），法国律师，曾担任国际法律工作者世界语协会主席。

责任。

大会接受了对世界语界来说的两个重要文献，即《世界语基础文选》和《世界语主义宣言》，《基础文选》收录了柴门霍夫原著的基本文章，目前这个文选仍然作为世界语研究院决策的依据。这个宣言后来被称为《布伦宣言》，宣言里写到：

> 世界语主义是致力于在全世界推广使用人类中立的世界语，不干涉各国内政，永不排斥现有的民族语；在不同国家、不同民族的公共场合、在因语言问题而发生冲突的人民之间作为促进和平的语言，给不同民族以相互理解的可能；为渴望语言平等的国家提供出版的可能。世界语者与世界语主义相关的个人观点，思想问题完全是个人的私事，世界语主义对此不负责任。不论其目的如何，每个会世界语和完全平等使用世界语的人被称为世界语者。每个世界语者积极参加世界语社团是值得推荐的，但不是必须的。

“布伦宣言”成为世界语运动的行动纲领。

在布伦国际世界语大会以前，人们就开始使用“世界语者”一词，1889年，纽伦堡《世界语者》杂志名词就采用的这个词。人们当时的理解是，世界语者就是指世界语爱好者，也是指说世界语的人。布伦国际世界语大会给出了“世界语主义”定义，也赋予了世界语者理想主义的情怀。

语言和信仰问题对柴门霍夫很重要，柴门霍夫和他的理想主义在世界语公众面前获得了成功，在布伦大会上柴门霍夫带有浓厚的理想主义色彩的“绿星旗下的祈祷”诗朗诵感染了一部分人。

“布伦宣言”提到中立的语言可以在多语种的国家内使用，但是没有涉及柴门霍夫理想主义的精神内涵。1906 年，在瑞士日内瓦第二届国际世界语大会上，柴门霍夫讲到了世界语所包含的世界各族人民之间情义的重要理论。在英国剑桥第三届国际世界语大会上，他把这种思想称为世界语主义的“内在理想”。

首届国际世界语大会选举产生了语言委员会，柴门霍夫当选为首任主席，这个语言委员会后来逐步发展成现在的世界语研究院[1]。

1 Akademio de Esperanto，曾译世界语学院，世界语学士院。

6. 伊多语的由来

世界语遇到了最大的危机是在 1907 年或 1908 年。

语言学家路易斯·库蒂拉[1]于 1901 年 1 月 17 日在巴黎成立了“国际辅助语采纳调查团”[2]，这个调查团由 307 个组织和 1 251 名专家组成，其中也有世界语者，推选了 12 名著名人士组成的常务委员会对最好的国际语作出评判和采纳。为了争取国际社会支持，柴门霍夫同意把世界语交给这个“国际辅助语采纳调查团”裁决。1907 年 10 月，调查团常委会以最合适的规划语为由接受了世界语，但是要求柴门霍夫必须把这个语言改为伊多语[3]，柴门霍夫和世界语运动都陷入了危机，柴门霍夫和语言委员会都拒绝改名。1908 年初，世界语者和改革派人士决裂。参加调查团常委会委员、柴门霍夫的全权代表波弗朗属于改革派。令人意想不到的是，1908 年 7 月，波弗朗公开声明支持伊多语。后来发现早在 1905 年波弗朗就与库蒂拉、米肖密谋把世界语改为了伊多语，他们成为伊多语方案的制定人。世界语运动中出现的这个“叛徒”，引起了世界语界强烈的

---

1 Louis Couturat（1868—1914），又译库特尤拉、考图拉特，法国哲学和逻辑学教授、博士、伊多语者。

2 La Delegacio por alpreno de la lingvo internacia

3 Ido，世界语之后最著名的国际辅助语。

愤慨，柴门霍夫断绝了与该委员会的合作。一些世界语运动的领袖和社团开展转向了伊多语。

伊多语的出现给早期世界语运动带来了威胁，世界语运动丢掉了大约 1/5 的领导人和 1/3 以上的世界语者。世界语者、伊多语者，还有其他国际语成员都相信自己的语言能代表未来全人类的语言，因此他们各持己见，争论不休，对世界语不满意的人就离开了世界语。库蒂拉还宣扬“5年后世界语就要消失”。

伊多语者带着实用主义的世界观脱离了世界语运动的理想主义观念，他们认为世界语有缺陷，强调伊多语是进步语言学家的产物、是与时俱进的，因此他们经常按照语言发展规律改进伊多语。相反，语言委员会认为，语言的发展与进步是根据使用语言群体的需要而自然演变的。

但最终历史证明把世界语作为实际应用的工具和坚守世界语运动的理想比改革世界语的理论家们更强大，在这个危机中证明了世界语已经根植于社会生活，已经完成了从人造语向生活用语的转变。

由于波弗朗的不懈努力，伊多语在法国和俄国迅速传播，法俄政府也借助于伊多语开始打击世界语。

7. 卡贝离开世界语运动之谜

世界语诞生以后，在波兰就有了第一批世界语者，安东尼·格拉波夫斯基[1]和卡贝[2]就是其中的佼佼者，他们为世界语在文学领域的发展做出了重要贡献。后来卡贝突然离开了世界语，成为世界语运动之谜。在世界语特定的文化词汇里有 Kabei 或者 Kabeiĝi 这个词，词的意思就是“比喻一些世界语者像卡贝一样突然离开了世界语运动”。卡贝和柴门霍夫都一样也是波兰的眼科医生，早期世界语运动的积极分子，著名的世界语翻译家、文学家，被称为世界语散文之父。1904 年，他翻译的波兰作家瓦克洛·谢洛斯泽维斯基[3]《痛苦的底层》发表在《国际语》杂志上，1906 年就加入了语言委员会并当选为副主席，用世界语翻译了波兰古典长篇小说《法老》[4]，编写了《世界语原文小词典》等。他的语言流畅、

---

1 Antoni Grabowski（1857—1921），波兰化学工程师，波兰早期世界语运动积极分子，波兰世界语协会主席，从事大量的世界语翻译和创作工作，被称为世界语文体之父。

2 Kazimierz Bein（1872—1959），卡奇米日·贝因的简称，波兰早期著名世界语作家，被成为世界语散文之父。

3 Wacław Sieroszewski（1858—1945），波兰作家。

4 这本长篇小说由邹国相翻译成中文，于 2009 年由北京燕山出版社出版。

文风清新、表达自如、句子完美、词序恰当、可读性强，卡贝为世界语文学翻译、文体建设做出了巨大贡献。

正当卡贝世界语活动及文学创作、翻译活动进入顶峰时，卡贝于1911年突然离开了世界语运动，从此就再也没有回来，离开的原因不明。有人猜测，他与波兰世界语文学家格拉勃夫斯基和亚当·扎克热夫斯基[1]不和。1931年，卡贝在接受《文学世界》编辑部采访时承认，他离开世界语运动的原因是：世界语发展缓慢，并确认这个发展缓慢的语言解决不了国际语问题。卡贝看到了英语的强大势力，也就是说卡贝看不到世界语的希望，失去了世界语理想。

卡贝的离开后不断有世界语者离开世界语运动，他们看不到世界语运动的希望，也等不到世界语最后胜利的那一天。正如卡贝所言，第二次世界大战以后，英语迅速成为世界通用的语言，此后，直接影响了很多国家的语言政策，大力开展英语教育和普及，同时又促进了英语在全世界的推广普及。

卡贝永远离开了世界语，但他给世界语运动留下了大量的文学遗产，也给世界语运动留下了无限的思考空间。

---

1 Adam Zakrzewski（1856—1921），波兰科学家，由乌拉普克语转学世界语，后来学习了其他人造语，于1896年创造了“Lingva International”(国际语)，曾编撰《世界语史》（1887—1912），《世界语20年》（1887—1908）。

■

8. 世界语与启蒙革命思想

自1903年工人世界语者团体在斯德哥尔摩成立以后，1905年开始，越来越多的把世界语作为政治斗争工具的人加入到世界语运动中，这些人中有和平主义者、共产主义者、社会主义者和无政府主义者。1906年，第二届国际世界语大会上就有人在会上召开了红色革命会议。1907年，第一本社会主义刊物《国际社会评论》出版发行。1910年，《工人世界语者》杂志在德国创刊。革命家列宁、斯大林、铁托、胡志明还学习了世界语，铁托还用世界语与奥地利总统乔纳斯通过信。

世界语伴随着社会的变革而发展，尽管世界语运动坚守中立主义原则，但世界语队伍中持不同政见者居多。1907年，无政府主义者开始出版了带有革命倾向的《国际社会杂志》[1]，国际无政府主义大会也做出支持世界语的决议。同年6月，中国的知识分子吴稚晖、李石曾、褚民谊、张静江在巴黎出版了《新世纪》周刊，这本杂志向中国宣传了无政府主义思想和世界语，成为中国学习西方思想的渠道之一。意大利无政府主义

---

1 由无政府主义者Paul Marcel BERTHELOT于1906年编辑单页“和平自由”宣传资料，1907年开始发行创刊号，由于经费不足于1914年停刊。

者里科·马勒泰斯塔[1]学习了世界语。日本不仅最早接受无政府主义，而且最早引进了世界语。1891 年，向日本国内介绍进化论的动物学者丘浅次郎在德国留学时学习了世界语，他向日本寄送相关书籍而引进了世界语。无政府主义者福田国太郎于 1903 年就开始学习世界语。1906 年，著名无政府主义者大杉荣[2]和波斯贞吉在反对东京铁路提价活动中被捕，他在监狱里参加高特莱特[3]举办的函授班学习世界语，后来大杉荣参加了日本世界语协会的筹备并成为日本世界语协会的理事。1908 年，大杉荣在东京举办了中国留学生世界语学习班，他的中国学生刘师复于 1913 ～ 1915 年自费出版了宣传世界语和无政府主义的刊物《民声》[4]。大杉荣在东京外语学校学习法语期间就在校报刊登了《世界语讲义》，他还在日本私立学校，以日本世界语协会的名义创办了世界语学校，1907 年，因他被捕而停办。1922 年，大杉荣去德国参加国际无政府主义大会，他派山鹿泰治到中国开展无政府主义和推广世界语活动。中国一些无政府主义世界语者参加了反清活动和同盟会。大杉荣在德国大会以后就去了法国，在巴黎他多次被捕，多次被遣返回国。1923 年，大杉荣在关东大地震期

---

1 Errico Malatesta（1853—1932），意大利无政府主义者，1907 年与 Emile CHAPELIER 共同向国际无政府主义大会提案把世界语列为无政府主义工作语言。

2 Osugi Sakae（1885—1923），日本著名无政府主义者，1923 年，在关东大地震期间被日本秘密警察暗杀。

3 L.Gauntlett（1868—1956），在日本教授英语英国世界语者。

4 刘师复于 1913 年在上海创办的宣传世界语双语周刊。

间被捕被日本宪兵杀害。大杉荣的学生山鹿泰治接过他的旗帜，致力于世界语与无政府主义的传播，曾因印刷《时的福音》而被捕，他购置了印刷设备在自己家里印制世界语和无政府主义的宣传资料。他往返于中国和日本之间，给中国的世界语运动与无政府主义思潮的传播带来了很大的影响。他在上海与刘师复合作，在北京以爱罗先珂和鲁迅家为活动中心，与景梅九、王鲁彦、陈昆山等进行了交流，还参与了 1923 年北京世界语专门学校的创建工作。1927 年，在上海劳动大学作为世界语教师，对来自中国和朝鲜各地的 700 余名青年工人进行了为时一学期的世界语教学。在这个学校里，石川三四郎和岩佐作太郎等日本无政府主义者也担任了世界语教官，另外，在华朝鲜人李丁奎、李乙奎，中国的无政府主义者陈声树、祝振罔等也参加了世界语运动，第二次世界大战后，山鹿泰治还坚持开展无政府主义活动。

曾学习过世界语的日本激进派人士北一辉在中国参加了反清运动，他于 1919 年在中国制定了《日本改造法案大纲》，这部法案就是极端民族主义的宣言，主张以行动对日本进行改造。他在法案中提出把世界语作为第二外语来学习使用。北一辉因领导 1937 年“东京叛乱”，被处以极刑。其中有人在军事法庭供出了他们的行动计划，这个计划显示按照北一辉的计划。如果政变成功，世界语不仅可以在日本、在亚洲，而且可以在澳大利亚和其他国家传播和应用。

1920 年 8 月 6 日，共产国际第二届大会上，西班牙代表提出，大会的发言要简单明了，都要翻译成辅助语——世界语，提案被移交到执行委员会研究。同时有23名代表签字的提案交给共产国际讨论研究。共产国际书记处专门召开的会议研究了提案。1921年7月12日，在共产国际第三次大会上又提到此事，共产国际决定支持世界语和伊多语，但实际上支持伊多语的力度比世界语要大。后来德雷仁创办了世界语支部，共产国际只承认国家支部，世界语支部被苏共撤销。无论共产国际对世界语的态度如何，鉴于世界语的世界大同的理想与共产主义运动不谋合而，一大批共产党人把世界语作为共产主义事业的一部分。

法国的世界语"解放之星"是1906年成立的和平自由协会[1]，这是一个革命组织，法国共产党员兰提[2]与他们建立联系后，立志于用世界语传播革命思想，创办了全世界超民族协会，团结了一大批共产党人和工人世界语者开展革命活动。兰提也曾被无政府主义所吸引，无政府主义民主权利和反对民族主义者的主张感召了他，后来因无政府主义领导人物脱离不了民族主义，他就离开了无政府主义。

社会主义者和共产主义者加入到世界语运动中来，他们用世界语开展了一系列革命活动。《共产党宣言》于1923年被翻译成世界语在美国出版发行。德国还成立了世界语者革命作家协会，莱比锡还出版了一大批世界语革命图书。俄国青年世界语者斯托帕尼于1920年在上海传播世界语和共产主义思想，先后介绍30多名青年到俄国共产主义大学学习，后来斯托帕尼在上海饮弹自杀。

1 Asocio Paco-Libereco，信息不详。

2 Lanti（1897—1947），原名欧仁·亚当，Eugène ADAM，法国世界语者。

9. 中立的世界语国——莫里斯特尼

随着世界语的推广应用和理想的形成，一些人开始借助于世界语从事各项活动，其中就有人愿意把世界语作为“理想王国”的语言。

1815 年，荷兰和比利时合并为荷兰联合王国。新成立的荷兰联合王国要跟普鲁士重新划界，当时在两国边境莫里斯尼特地区发现了锌矿，双方协商，矿区由两国共管。

莫里斯尼特地区说德语、荷兰语和法语，很多地名也分别有三个名字，这里因此被称为“中立莫里斯尼特”。

这个神秘的中立的莫里斯尼特奇迹般的生存了 100 多年。

莫里斯尼特短短的历史上，最有名的人物要数威尔海姆·莫利[1]，相当于“国父”级人物。莫利医生来到中立莫里斯尼特行医，被聘为矿区的主治医生，并成为了中立莫里斯尼特市的副市长。莫利医生也是个集邮爱好者，在 1886 年他制作发行了莫里斯尼特自己的邮票。

法国世界语者古斯塔夫罗伊[2]得知在法国布洛涅召开的首届国际世界语大会，罗伊认为中立的世界语非常适合在中立的莫里斯尼特推广使用。1906 年，罗伊来到莫里斯尼特拜会了莫利，两位都是集邮爱好者，可能

1 Wilhelm Molly（1838—1919），德国医生，集邮爱好者。

2 Gustave Roy，法国教师，国际世界语协会首届理事会理事。

因为共同的爱好，十分投机，罗伊开始向莫利传授世界语。

1907年，莫利和罗伊宣布莫里斯尼特要建成为一个独立的世界语国家，新国家定名为“Amikejo”[1]。1908年8月13日，世界语国“Amikejo”正式宣布独立，100多位从世界各地赶来的世界语者出席了“开国大典”，也有了自己的国旗和国歌。没有一个国家承认Amikejo国，甚至世界语界都没有把这个消息认真对待，Amikejo开展了大规模的世界语的教学活动，当时莫里斯尼特有4 000多名居民，有138人学习了世界语。从1908年到1914年，世界语者游客也非常多。第一次世界大战爆发后，德国吞并了Amikejo。后来，莫里斯尼特被几度易手，目前归属比利时管辖。

然而莫里斯尼特人没有忘记这段历史，也没有忘记世界语，至今，当地依然有人会说世界语。

1 世界语词汇，即“友谊之地”。

10. 国际世界语协会的创建

自世界语创立以来，柴门霍夫就致力于成立国际世界语组织，进行过一些探索都未能成功。纽伦堡时期柴门霍夫最早提议成立的国际世界语组织是国际世界语者联盟，1905 年布洛涅国际世界语大会接受了卡贝关于成立国际世界语者协会建议。后来大会只讨论了国际世界语协会的组织形式和与各国世界语组织保持联系事务，没有讨论协会成立的具体措施。

伊多语的出现给世界语带来的危机，世界语者感觉到确实应该有一个国际世界语组织来维护世界语的发展。可以说伊多语的出现促成了国际世界语协会[1]的成立。

1908 年 3 月 1 日，贺德勒主编的《世界语》公布了国际世界语协会入会人员的名单，3 月底刊登了协会章程草案，以征求意见，投票的截止日期是 1908 年 4 月 28 日，因此这个日期就成为国际世界语协会成立的日期。

国际世界语协会最高管理机关是常务理事会，1920 年后改称领导机构。最初常务理事会有 8 名成员，1910 年增加到 10 人。首届常务理事

1 Universala Esperanto-Asocio，简称 UEA，即：国际世界语协会，旧译万国世界语协会、环球世界语协会，是贺德勒等人创办的中立的国际世界语组织。

会有2个瑞士人、2名德国人、2名法国人，1名英国人和1名生活在伦敦的比利时人。

英国世界语者哈罗德博林布鲁克穆迪[1]被推选为国际世界语协会主席。他曾是一家贸易公司的职员，1905年拥有了自己的公司。他聪明睿智、衣食无忧，有更多的精力投身于世界语运动。他于1902年学习世界语，1912年，成为英国世界语协会主席。

1 Harold Bolingbroke Mudie（1880—1916），英国证券商，第一次世界大战爆发，应征入伍，1916年被俘死于车祸。

11. 巴黎世界语者中央事务局

1905年，首届国际世界语大会上讨论了成立国际世界语组织问题，就此问题形成了两种意见，一种是要建立高度集权的国际组织，一种是建立赋予会员充分自由的组织，最后与会者没有达成一致意见，国际世界语组织成立事宜搁浅，但会上成立了语言委员会，埃米尔·布瓦拉克[1]主持了语言委员会工作，1906年，日内瓦国际世界语大会选举了大会常务委员会[2]，塞伯尔当选为主席。这个委员会任务是与地方组织委员会一起共同负责国际世界语大会的筹办。

塞伯尔在他担任主席的法国摄影协会里为两个组织各租赁了一间办公室，并聘请了加布里埃尔·沙韦[3]为秘书，由于两个组织同时雇佣了一名工作人员，很多工作自然而然合到了一起，如筹办国际世界语大会、信件处理、档案存放、信息发布、会议召集、财务管理、简报印发、年鉴出版、

---

1 Emil Boirac（1851—1917），哲学博士，大学校长，世界语研究院院长。

2 Konstanta Komitato de l' Kongresoj，1906年由G.Moch建议成立的大会主办机构。

3 Gabriel Chavet（1880—1972），和平主义者，1897年成立法国第一个世界语俱乐部。

书目编印、国际事务等，这个办公室自然就成为了国际世界语运动中心，后来人们把这个中心就叫作巴黎世界语者中央事务局[1]（ECO）。塞伯尔和埃米尔·亚瓦负担了这个中央事务局的全部费用。1907 年底，巴黎世界语者中央事务局在全球 232 个城市设有领事机构，也叫“办事处”或“代理处”，这样的机构在法国有 64 个，欧洲以外有 19 个，但当时还没有权威的国际世界语组织，对这些机构的管理只好由中央事务局来承担。中央事务局还主办国际世界语大会。从 1905 年到 1922 年，塞伯尔个人为中央事务局支出了 20 万法郎的经费，因此塞伯尔想得到更多经费的支持，特别是得到各国世界语组织的支持。尽管大家都赞成塞伯尔的这个意见，也包括柴门霍夫本人，但是世界语者对这个事务局不信任。当时大家对中央事务局所使用的“事务”这个词产生的印象是世界语运动有了自己的“集权政府”。

当时世界语运动有语言委员会、大会常务委员会、巴黎中央事务局、1908 年成立的国际世界语协会和 1913 年在第九届国际世界语大会上成立的国际世界语者社团联盟[2]（IUES）等机构，世界语运动仍然处于三权鼎立的状态，没有形成统一的、权威的、集中的领导机构，因此从 1922

1 Esperantista Centra Oficejo，又译世界语者中央事务所，这个事务局不是严格意义上的行政机关，实际是世界语工作比较集中的事务处。

2 Internacia Unuiĝo de Esperantistaj Societoj，因第一次世界大战爆发，没有开展实际工作。

年开始，世界语者们开始考虑建立统一的国际世界语组织，赫尔辛基协定签订以后，中央事务局就退出了历史舞台。

中央事务局可以说是国际世界语运动早期的重要机构和转折点。

第三章　第一次世界大战爆发后的风起云涌

1. 国际世界语大会的中断

自1905年在法国布洛涅首次国际世界语大会以来，除了两次世界大战期间以外，国际世界语大会每年7月底8月初轮流在世界各地举行，迄今已经召开105届，大会一般都是1 000～3 000人参加，大会也邀请各国外交使节和政要参加，大会的最高监护人都是由国家元首或议会议长担任，参加人数最多的一次大会是在波兰华沙召开的第72届国际世界语大会，参会人数接近6 000人，国际世界语大会已经成为各国世界语者交流思想感情、维护世界和平、研讨国际世界语运动、促进国际科技文化的盛会，也是被称为不用翻译的国际会议。遗憾的是两次世界大战都迫使国际世界语大会中断。

1914年6月28日，奥匈帝国斐迪南王子被塞尔维亚人杀害，奥匈帝国向塞尔维亚开战，塞尔维亚在俄国的支持下建立攻守同盟，奥匈帝国与德国建立同盟，法国支持沙俄盟军，德国向法俄宣战并入侵比利时，因此引起了第一次世界大战。

原定于1914年8月2日至9日在法国巴黎召开的第十届国际世界语大会因为战争的爆发而被迫停办。大会报名人数为3 700人，其中外国世界语者2 500人。在大会的报到的前一天，即8月1日，已经有很多世界语者来到大会会场，还有一部分代表在旅行途中，巴黎政府只得在8月1日晚向与会代表发放了临时通行证，但战争阻隔了他们回家的路。不少世界语者流离失所，有的被充军，有的成为战俘，有的沦落成难民被送进集中营或难民营。柴门霍夫也受阻于德国的科隆，当他来到俄国边境时发现边境已经关闭，他又返回波恩，经瑞士、芬兰和圣彼得堡才回到华沙。

战争爆发以后，国际世界语运动受到了严重的影响，很多世界语者应征入伍，被迫走上战场。

战争期间，法国大部分地区被占领，法国的22个世界语期刊突然停刊。世界语宣传会被战争及其领导的参战组织推向风口浪尖。

1915年，计划在苏格兰爱丁堡举办的第11届国际世界语大会因战争爆发而停办。为了传承国际世界语大会，泛美世界语大会变更了会议名称，以第11届国际世界语大会的名义在美国旧金山举行，但只有163名人参加了大会，而且几乎都是美国人和加拿大人。考虑到战争严峻的形势，一直由巴黎中央事务局主办的国际世界语大会改由国际世界语协会主办。因为国际世界语协会位于中立国——瑞士，而中央事务局在战时的法国。1916年，战争的形势越来越紧张，国际世界语大会只好停办。直到战争结束后的1920年才恢复举办。

尽管国际世界语大会被迫停办，但国际世界语协会坚持开展世界语活动，并利用世界语为战时的会员提供了人道主义援助。

比利时战败以后，一些比利时士兵被流放到荷兰。为了救助这些战俘，荷兰在哈德尔维克设立了集中营，战俘们要在集中营等到战争结束才能回国。荷兰世界语者为集中营的战俘或难民提供了力所能及的语言帮助。荷兰世界语者们在哈德尔维克集中营散发传单宣传世界语，并在集中营举办了世界语学习班，比利时战俘和法国的士兵在集中营能用世界语互相交流。集中营里的一些战俘还与英国世界语者建立了通信联系。后来集中营长官禁止了世界语通信，在国际世界语协会鹿特丹代理人的努力下，世界语通讯终于被解禁，荷兰世界语者士兵担任了通讯检查官，荷兰世界语协会还发动募捐救助这些比利时难民。

帝国主义瓜分世界的野心，特别希特勒法西斯政治引起了 1939 年爆发的第二次世界大战，第 31 届国际世界语大会只能在中立国瑞士举行，大战结束后的 1947 年第 32 届国际世界语大会还是在瑞士举行，大会间断了 7 年。大战爆发前，荷兰世界语者家里都挂上了世界语门牌，以便给落难的世界语者提供帮助。荷兰世界语者路易斯克于 2019 年 2 月 19 日将自己所收藏的世界语门牌捐赠给了我国的枣庄学院世界语博物馆。

2. 世界语用于战争宣传

19 世纪末 20 世纪初，资本主义向帝国主义过渡时期产生了广泛的社会矛盾，亚洲、非洲、拉丁美洲殖民地和半殖民地基本上被欧洲列强瓜分，在新旧殖民主义矛盾激化、帝国主义经济发展不平衡的背景下，为重新瓜分世界和争夺全球资源而爆发了第一次世界大战。这场战争是欧洲历史上破坏性最强的战争之一，战争造成了严重的经济损失，给人类带来了沉重的灾难。

在这个背景下世界语作为国际辅助语被一些国家用于战争宣传。

德意志帝国是第一个把世界语用于战争宣传的国家。第一次世界大战爆发不久，德累斯顿于 1915 年成立了世界语中心，这个中心编辑出版《战争的真理》等宣传资料。资料的内容是带有德意志帝国战争观点的“白皮书”。前言里可以看到德国世界语者致力于各族人民之间的相互理解和爱国主义的说辞，这就是德国世界语者在战争中的声音——自相矛盾的“冷酷”与“爱国”。德国世界语杂志的封底刊登了和平主义者贝尔塔冯苏特纳[1]为自己的长篇小说《放下武器》招募世界语翻译的广告。

第一次世界大战期间，德国世界语服务社出版的《国际通讯》刊物

1 Bertha Von Suttner（1843—1914），奥地利女作家，1905 年诺贝尔和平奖获得者。

被改成了双月刊，成为官方战争的宣传刊物，此刊物自 1914 年 11 月出版发行，直到战争结束。

德国、奥地利、土耳其都用世界语编辑发行了官方战争宣传的“黄页”。德国世界语者以个人集资的方式支持了世界语用于德国战争宣传工作。后来，这项宣传工作得到了德国政府财政的支持。一些地方世界语小组和一批世界语者参与支持了这项宣传工作，他们编辑出版了《对外宣传真理》一书并通过国际世界语协会的代理人网络发行到世界各地。

截止到1914年12月31日，他们向26个中立国寄发了62期宣传“黄页”，每期 2 000 份。因此国际上形成了与德国世界语者亲善的圈子，他们还把黄页的内容翻译成自己民族的语言广泛宣传。

这些宣传黄页中还刊登了各国来稿，被选登的匿名稿件都有很广泛的代表性。例如：一位意大利人在 1914 年 10 月 12 日信中写到，他本希望德国战败，但在不断收到宣传资料以后，他思想观点开始转变，相信德国是正义的、是反击战争。德国的地方报纸《正义》报还报道了他的思想转变过程。

德国用世界语开展的战争宣传工作取得了一定的效果，美国也开始用世界语编印《战争快报》。法国司令也建议法国政府效仿德国用世界语开展宣传工作，因此法国世界语者提出了“用世界语为法兰西服务”的口号，也出版了一些世界语宣传资料。意大利也提出了“用世界语为意大利服务”的口号，1915 年，他们仅出版了一本意大利总理萨兰德拉的宣传小册子。

国际世界语协会兼英国世界语协会主席穆迪认为狂妄的军国主义者想借助战争统治世界，但是有语言障碍。穆迪向英国外交大臣格雷建议效仿德国也用世界语制作反战宣传的“黄页”，英国世界语者还集资购买了一辆红十字汽车，上面写着英国世界语者捐赠的字样，用于在战争中救助伤员。

《英国世界语者》杂志在战争中表现出保卫祖国的爱国主义初心，穆迪在这本杂志上以《世界末日》为题发表文章，谴责了战争。

世界大战不但打破或者说影响了世界语运动，而且剥夺了世界语者的生命。1915 年，在全面战争的第一年，国际世界语协会会员由 9 000 人下降到 2 699 人，到了 1917 年，这个数字又降到了 2 456 人。这无疑是战争给世界语运动带来的低谷，另还有一部分世界语者牺牲在战场或阵亡。据《危险的语言》一书记载：

第一次世界大战爆发到 1917 年 10 月，国际世界语协会会员有 240 名死于战争；160 名会员成为战俘。这个数字不一定是准确的，因为国际世界语协会不可能掌握所有死亡会员的情况。这些死亡的会员当中比较有名的是国际世界语协会主席穆迪，他于 1916 年 2 月死于法国的车祸。几个月后，国际世界语协会副主席卢梭在凡尔登离世，柴门霍夫于 1917 年 4 月 14 日与世长辞，终年不到 60 岁。同年 9 月语言委员会主席埃米尔也去世了。还有贺德勒，柏林国际世界语大会就是他的最后一届大会。

3. 战争救助和贺德勒国际主义理想

世界语作为国际辅助语在战争期间发挥了特殊作用，第一次世界大战期间，交战国的医院收容了不同国籍的战俘和伤员，语言不通为治疗和交流带来了困难。为了解决这个问题，世界语者编辑出版了 9 种语言和世界语对照的《红十字指南》小册子，这本小册子成为救护伤员极为有效的工具，3 个月就发行了 10 000 多本。基督教青年会国际委员会在各国战俘营里散发了世界语课本。

早在 1906 年举行的第二届国际世界语大会上贝约尔[1]就提出将世界语用于伤员救助。1907 年，安特卫普市政府向比利时红十字会员推荐了世界语。1908 年，红十字国际委员会代表、参加世界语救助多国伤员行动的穆瓦尼耶[2]参加了第四届国际世界语大会，1909 年，德国红十字会也发出了学习世界语的倡议，1910 年，《世界语和红十字》专业杂志出版。1911 年，德累斯顿、科夫诺为红十字会员举办了世界语培训班，1916 年，

1 Georges BAYOL（1871—1914），法国世界语者，军官，1905 年创办世界语红十字会，1906 年编写的《世界语与红十字》被翻译成 7 种文字，在第一次世界大战中阵亡。

2 A • Moynier，信息不详。

法国卫生部司长，国际世界语协会名誉会员戈达尔[1]向军医和战地护士推荐学习世界语，并订购了10 000册贝约尔编写的《红十字世界语指南》教材。

战争期间，很多人中断了与家人的联系。国际世界语协会日内瓦总部和各国代理人在战争中发挥了重要的桥梁和纽带作用。当时瑞士成立了救助难民和战俘的机构，国际世界语协会成为难民和战俘私人信件的中转地。国际世界语协会要求战争国的代理人在当地媒体上刊登公告：代理人可以为因战争失散的人们提供信件翻译和传递服务，国际世界语协会可以把这些信件寄发到任何战争国。这个公告被翻译成30多种文字在上百种报刊上发表，在短短4个月国际世界语协会就收集到大约100万战俘的名单，国际世界语协会成功地为他们转交了20多万封信件和汇款，每日转交的信件达1 000多封，转交的汇款达5 000法郎。此外，国际世界语协会还协助救助了上万名难民。

国际世界语协会各国代理人的另外一个任务就是向国际世界语协会会员提供信息服务。国际世界语协会还为200名世界语者战俘提供了食物等基本生活保障。

鉴于世界语在人道主义上所发挥的作用，1921年，在第十届国际红十字大会上由中国代表汪大燮向全委会报告了世界语在战争救助中的作用，国际红十字会做出了推广世界语的决议。

战后，贺德勒高瞻远瞩，看到随着集体主义观点的进一步增强、阶级斗争的日益扩大，国际合作和武装力量也逐步加强，在未来国际秩序中，

1 Justi Godart，信息不详。

世界语必将发挥巨大的作用。他确认，自发成立各种松散世界语机构的探索均会以失败而告终，政府在道义上接受世界语的幻想也随之破灭。他清楚地看到，没有前提条件，世界语根本没有被接受的可能，这个前提就是：目前所需要的不仅是停战，而是强大的国际主义。世界语者应该是超越狭隘民族主义思想的“社会精英”，要建立“自由、民主、联盟”的国际大厦。他为这个理想的实现而不懈努力，不幸的是贺德勒于1920年3月去世，年仅33岁。他所取得的成就是：战后，国际世界语协会成为世界语运动、国际主义的象征，因为国际联盟的成立让世界语运动首次赢得了国际社会的尊重。1954年，联合国教科文组织做出对世界语有利的决议以后，国际世界语协会所奉行的积极的中立主义原则越来越被国际社会广泛接受，贺德勒的国际主义理想激励着一代又一代的世界语者不断前进。

4. 世界语在国际联盟的抗争

第一次世界大战结束后，全球讨伐战争的呼声四起，有识之士希望建立一个国际组织，以共同处理国际纠纷。1920 年 1 月 10 日，国际联盟成立，世界语者把希望寄托在国际联盟上。

国际联盟的成立对世界语运动来说非常重要，贺德勒曾写道："我们都知道，这个充满活力的国际联盟不仅以法律形式、一方面团结了各国政府，而且主要以相互理解的思想团结了各国人民，即使理论上，各国政府通过联盟协议把他们联系在一起，没有中立的国际语，各国人民还是难以相互理解。从国际联盟到世界语者，双方都希望民众尽早认识到共同交流工具的必要性。"

第一次世界大战残酷的屠杀打破了用战争解决国际争端的神话，通过共通语的解决方法被提上了国际联盟的议事日程。国际世界语协会开始向国际联盟表达夙愿，希望各国政府把世界语引进学校进行讲授。这个倡议活动的主要的发起人是在国际联盟担任翻译的瑞士世界语者普里瓦。

1920 年 12 月，普里瓦动员比利时、巴西、捷克斯洛伐克、智利、中国、海地、印度、意大利、哥伦布、波斯和南非11个国家向首届国际联盟大会提案，提请关注“影响各国人民友好关系”的语言交流问题，表达“希望各国儿童至少会两种语言，即母语和简便的国际交流工具——世界语”的愿望。提案还请求国际联盟秘书长起草有关会员国公立学校世界语教学成果的调查报告。

第二提案委员会于12月16日研究了提案，最后以10票赞成，1票反对决定向大会提交提案。第二天，当比利时代表亨利·拉方丹[1]向大会递交提案时，法国代表不顾多数代表的意见，提出了最强烈的抗议。因为当时的法语受到了的英语威胁，他们正在建立法语的攻守同盟，现在又看到了世界语提案，自然就引起了法兰西帝国主义的强烈抗议和反对。提出反对意见的法国代表是加布里埃尔·汉塔[2]，汉塔曾是法国外交部部长，是典型的保皇派。最后大会迫于法国帝国主义的压力接受了他的反对意见，决定不予接受世界语提案，法国这个大国不仅打击了世界语，也践踏了欧洲的民主思想。

法国的反对世界语的原因是：法国是第一次世界大战的战胜国，战后法语开始与英语争夺国际地位。在1919年的巴黎和会上，美国总统威尔逊坚持凡尔赛和约在法文本的基础上增加英文本，两种语言具有了同等效力，因此英语取得了正式的外交地位。在国际联盟法语是优先使用

1 Henri Lafontaine（1854—1943），比利时政治家、法学家、诺贝尔和平奖获得者。

2 Gabriel Hanotaǔ（1853—1944），法国外交官、历史学家、政治家、国际联盟法国代表。

的语言，但法国深知使用两种语言必然会削弱法语地位。在感到因日益发展的英语所带来的威胁时，再提请调查全世界世界语教学情况，无疑是对法语的又一大威胁，尽管世界语提案没有涉及到国际联盟使用工作语言的问题。

汉塔的行为是从法兰西帝国主义利益出发的，因为1905年，法国政府就开始实施法语全世界推广的计划。战前，世界语在法语、英语双语应用中发挥了重要作用。一些人发起了法语保护运动，一方面世界语被当作阻止英语发展的力量还不够强大；另一方面世界语影响了法语的竞争力。法国作家马塞尔·布兰格[1]谴责世界语者说："他们与日耳曼人、国际主义结合在一起，其目的是削弱法语的国际化地位。"反犹太作家埃米尔·戈蒂埃[2]藐视柴门霍夫说："他不只是创造了一种语言，也带来了将控制世界的超民族思想。"

第一次世界大战前后，法国人提出把法语列为国际官方语言时，也遭到其他国家的反对。

尽管这个世界语提案遭到了法国的反对，世界语者还是坚持不懈，他们又重新整理了提案，于1921年9月又把提案提交到国际联盟第二次大会。这次支持提案的国家有：阿巴尼亚、比利时、捷克斯洛伐克、芬兰、中国、印度、日本、哥伦比亚、波斯、罗马尼亚、南非和委内瑞拉。国际联盟副秘书长新渡户稻造[3]博士曾参加过布拉格国际世界语大会，对

1 Marcel Boulenger（1873—1932），法国击剑手、作家。

2 Emil Gautier（1853—1937），法国记者。

3 Nitobe Inazo（1862—1933），日本农学博士，教育家，国际联盟副秘书长。

世界语理想有深刻的认识。他在大会上见到了一些参加大会的工人，他看到普通老百姓使用世界语能像法语一样自由交流思想感情，因此，他认为世界语是劳动人民有效的交流工具，在讨论国际语问题的时候有必要考虑劳动人民的利益。

这次大会以调研方式支持了提案，1922 年 1 月，国际联盟向会员国下发了通知，要求各国报告世界语教学状况。

在报告起草期间，法国又加紧了反对世界语的攻势，他们禁止在有政府官员参加的会议上使用世界语。为了削弱世界语者的力量，他们还暗地支持了伊多语。1922 年 4 月，国际世界语组织在日内瓦联合皇宫成功举办了“国际世界语教育会议”，有来自 28 个国家和 16 个地方政府的代表 200 多人参加了大会。会前，巴黎政府就开始打击世界语。1922 年 3 月，法国公共教育部部长莱昂·贝拉尔[1]发布命令：禁止为世界语教学提供教室。他说：“法语永远是文明的语言，也是传播特色文学、弘扬法国文化最好的工具……。世界语宣传的目的不是方便各族人民之间的交流，而是在儿童和成人的思想形成中探索反对民族文化的理由。他们矛头指向拉丁文化，特别是指向了法国。世界语成为国际主义的宣传工具，成为民族语的敌人，成为所有宣传自己的民族文化的敌人。”

“贝拉尔禁令”引起了人权联盟不满。

“贝拉尔禁令”发出的几周后，法国世界语活动受到了严格限制。国际联盟秘书处拟定了关于把世界语作为国际辅助语决议草案，这个决议对全世界世界语推广有重大意义，决议明确指出：

1 Leon Berard（1876 1960），法国教育部长、司法部长，法国科学院院士。

强势的语言具有强大的力量，国际联盟有确切的理由，特别的兴趣，关注世界语运动的发展，如果人类统一的思想遍及世界，或许就是世界语运动贡献。

在 1922 年秋国际联盟第三届大会上，第五提案委员会研究了这个决议草案，南非代表、希腊语言学家吉尔伯特·默里[1]表示支持这个决议草案。但是法国代表乔治斯·雷诺[2]声称他得到的上级指示是反对世界语。三天辩论的结果是，这个提案作为国际联盟正式支持的议案，被移交给知识合作委员会。

世界语的支持者罗伯特·塞西尔爵士[3]提请这个委员会注意：世界语不是知识分子所需要的，而是劳动人民的需求。而实际上，知识合作委员会不太适合讨论世界语问题。这个委员会的主要任务是开展国际教育，加强国际联盟和平的工作。

在这个委员会里也有世界语支持者，他们在逆境中抵制法国对世界语的政治迫害和知识分子的偏见。世界语主要的反对者是瑞士委员、伯尔尼和弗里堡大学历史学和法国文学教授冈萨格·代·雷诺[4]，他不但对世

1 Gilbert Murray（1866—1957），英裔澳大利亚语言学家、大学教授、希腊学家。

2 Georges Reynald（1866—1937），法国政治家，第三共和国参议员。

3 Robert Cecil全名：Edgar Algernon Robert Gascoyne-Cecil, 1st Viscount Cecil of Chelwood（1864—1958），英国世界语者，国际联盟南非代表。

4 Gonzague de Reynold（1880—1970），瑞士历史学家、作家、大学教授。

界语在语言学方面的缺陷发表了批评意见，而且“揭露”世界语背后“隐藏着国际主义和神秘的革命色彩”，因此，世界语问题已经超出了语言学范畴。

1923 年 8 月 1 日，这个委员会作出决议，不再考虑世界语问题，意见是：必须关注外国文学和现存的民族语言。新渡户发表断言：“20 年后，这个决定将被证明是一个错误，那就是国际联盟不明智。”在法语霸权主义和无视劳动人民利益的形势下，世界语失去了一个重要的机会。

有关世界语问题也表明了国际联盟最后的失败，法兰西帝国主义以高压的态势，把中国、日本及其他国家发起的，旨在通过世界语化解民族矛盾，用世界语开展国际教育的倡议置于脑后。如果每个国家都接受了国际联盟的决议，都宣布支持世界语，就会引起了法国的不安，为了保护法语的国际地位，他们一致反对世界语。因此，法国禁止了国际世界语协会机关刊《世界语》进入法国，普里瓦也被禁止进入法国。

在 1923 年 9 月的国际联盟第四届大会上，法国代表宣布了法国政府“坚决清除世界语”的命令，督促国际联盟执行知识委员会决议。按照决议，国际联盟特别要提倡学习外语，而不是人造的国际辅助语。

令人欣慰的是，1924 年 9 月，爱德华·赫里欧[1]新政府撤销了贝拉尔的禁令，当月国国际联盟五届大会接受世界语为电报明码语言。

早在 1921 年，法国共产党大会就通过了推广学习世界语的决议。

1 Edouard Herrot（1872—1957），法国政治家，三次当选法国部长会议主席，1950 年担任法国议会议长，担任巴黎国际世界语大会最高监护人。

5. 全世界超民族协会的兴起

世界语运动史上一个重要的无产阶级国际组织就是全世界超民族协会，这个协会主要组织形式是以世界语为工具，团结全世界工人世界语者开展革命活动。可以说全世界超民族协会是国际工人运动重要的组成部分。协会的创始人是法国人兰提，他曾是一名无政府主义者，与无政府主义理论家塞巴斯蒂安·福雷[1]、让·格雷夫[2]和韩·赖纳[3]有良好的关系。兰提曾参加过野战救护小分队，残酷的战争使他厌恶一切民族主义。无政府主义的主要代表人物克鲁泡特金于1914年表现出的民族主义热情使兰提大失所望，因此他离开了无政府主义。他曾参加过法国共产党，1928年，因欠缴党费而退党。兰提深受无政府主义、共产主义的影响。

1914 年 12 月，兰提学习了世界语，第一次世界大战结束后，他与巴黎革命世界语组织“解放之星” 建立了联系，兰提被推荐为《工人世

1 Sebastien Faure（1858—1942），法国无政府主义者，出生于家境良好的天主教家庭，就读于各种教会学校，成人以后，由基督教转向社会主义，继而投身于无政府主义。

2 Jean Grave（1854—1939），法国无政府主义运动主要成员。

3 Han Ryner（1816—1938），法国作家、哲学家，个人无政府主义的代表人物。

界语者》杂志的编辑。他的原名是欧仁·亚当，他自己取笔名为兰提（Lanti），在法语里就是“反对”的意思。

1920年4月，兰提提出“超民族”的组织形式，此后，他坚持推进超民族协会的成立。他呼吁：“必须马上酝酿成立组织，将来国际社会中发挥作用。”按照他的观点，以世界语圈子为缩影，努力构建超民族主义的社群，以适应国际化行动、思维和能力。从1920年中期，他开始以“超民族主义者”名义发表文章。

兰提勇敢地提出藐视民族的观点，在组织方面他也受到了的贺德勒启发，确定协会只发展个人会员。他追求的就是把世界语作为阶级斗争的工具。起初，他的目的就是要建立与社会主义、共产主义和无政府主义一样的政治组织。按照兰提的设想，世界语是促进全世界工人阶级目标实现的工具，甚至是革命者的共同语。兰提写到：

> 借助于共同语我们要达到超越一切国界的精神境界。在我们心里要培育出超越民族的感情。它将是国家强加给我们的金钱教育抗毒剂，它将是我们在沙文主义气氛中不断嗅到的，由各国政府所释放出来的民族主义臭味的除味剂，尽最大可能使用人造语，我们要成为真正的世界公民。这里蕴含着世界语的革命意义，我们——国际主义者始终如一。

1921年8月初，在布拉格第13届国际世界语大会上，在兰提的领导策划下，巴黎世界语革命组织“解放之星”的80多名会员成立了全世界超民族协会，法国作家罗曼·罗兰、亨利·巴比塞[1]当选为协会的名誉主席。协会口号是：消灭虚伪的中立主义，消灭资本主义，全世界超民族协会万岁！

兰提提出要与中立世界语运动脱钩，他认为资产阶级“世界语反对战争”口号是幻想。按照兰提的观点：世界语不是我们活动的目的，而是我们活动的手段。

兰提向中立主义提出了严峻的挑战，1922年，全世界超民族协会在法兰克福召开了第二次大会。大会修改了会章，按照会章规定：禁止会员参加中立的、资本主义的国际世界语协会。后来，一些左翼人士都参加了这个超民族协会，其中有共产主义者、社会主义者、无政府主义者等。

兰提在理论上认为，社会民主、自由思想和共产主义只是全世界超民族协会理想的一部分。兰提有亲苏思想，全世界超民族协会对苏联是友好的。1923年，全世界超民族协会出版了《共产主义文集》，因此全世界超民族协会引起了欧洲警方的注意。

由于国际世界语协会奉行中立主义的原则，全世界超民族协会与国际世界语协会关系非常紧张，全世界超民族协会把国际世界语协会视为反对工人的组织。国际世界语协会和全世界超民族协会在思想理念上难以融合，因此兰提打出了“抛弃中立主义”的口号。

早在第一次世界大战前，工人世界语者就自发成立了很多世界语小组，大部分工人世界语组织有别于传统的中立世界语组织。全世界超民

1 Henri BARBUSSE（1874—1935），法国革命作家。

族协会成立以后，大部分工人世界语者都参加了超民族协会。

全世界超民族协会的会刊《超民族杂志》于1921年8月创刊，三年后这个杂志改为《超民族主义者》。德国青年共产党员诺伯特·巴塞尔梅斯[1]担任了这个杂志的编辑，杂志成为国际世界语运动最重要的期刊之一。杂志创办的初衷就是要反映全世界工人的现实生活，因为这个杂志的栏目大部分是读者本身寄来的反映日常生活的稿件，特别是20世纪20年代，每年都有大量的文章被翻译成民族语，读者的广泛性已经超越了工人世界语者圈子。

工人世界语活动的开展促进了世界语在工人中的推广，1919年，美国、葡萄牙、西班牙和法国劳工联盟都表示支持世界语，1926年，英国工会也表示支持世界语。

1 Norbert Barthelmess（1897—1987），德国世界语者、《超民族主义者》杂志编辑。

6. 超民族协会与苏联世界语联盟

苏维埃国家世界语联盟于1921年在圣彼得堡第三届全俄世界语大会上成立，1927年，更名为苏维埃共和国世界语联盟，即苏联世界语联盟。联盟的宗旨是在共产党的领导下、坚持马克思主义路线，为共产主义事业而奋斗。联盟的创始人是苏联老红军战士德雷仁。1934年，协会鼎盛时期，会员有8 930人，成为苏联最大的世界语政治组织。

全世界工人世界语运动首先与苏联建立合作关系，按照超民族协会的要求，与他们建立关系的国家必须由无产阶级掌权的国家。

因为苏维埃没有代表参加布拉格国际世界语大会，兰提于1922年8月去莫斯科了解共产国际对世界语的态度。在莫斯科期间，他与苏联世界语联盟的总书记德雷仁见了面。在会面中，两人话不投机，德雷仁开始对全世界超民族协会产生了怀疑。

1922年12月，共产国际第四次代表大会宣布了共产党人要建立工人阶级的统一阵线的政治路线。之后苏联世界语联盟内部讨论了服从共产国际领导路线的问题。1923年，苏联世界语联盟中央委员会对全世界超民族协会的理想主义、非政治倾向和思想上的中立深信不疑，决定呼吁全世界共产党世界语者要长期支持全世界超民族协会的工作。对他们来说，直到把这个协会建成一个接受共产党领导的国际组织。接着，这个行动纲领开始实施，按照苏联世界语联盟的意见，全世界超民族协会被视为联盟的下属组织。

从此，苏联世界语联盟对外表现出参加国际工人世界语运动的热情。1923年5月，联盟清除了国际世界语协会在苏联的代理人或会员资格，3个月后，苏联代表团第一次出现在全世界超民族大会上。德雷仁和其他5名代表参加了在卡塞尔举办的第三届全世界超民族大会，德雷仁当选为大会主席团成员，他会上表现出对与超民族协会合作的希望：

> 我们在这里找到了一条中和的发展道路，为了无产阶级的利益而使用世界语，无论是无政府主义者、共产主义者，还是其他革命政党的成员都可以走共同前进的道路。我们相信，我们找到了一条正确的道路。

公开的支持这个凌驾于政党之上的超民族协会，对苏联世界语联盟来说是没有任何风险的，但德雷仁与莫斯科文学杂志《新时代》的编辑产生了矛盾，这个杂志是俄罗斯世界语者格莱高尔德米得尤柯[1]和尼古拉涅克拉索夫[2]于1922年6月创办的。在兰提来访以后，他们积极与兰提保持

1 Grigorij Demidjuk（1895—1985），俄国世界语作家、翻译家、全世界超民族协会骨干会员。

2 Nikolaj Nekrasov（1900—1938），全名：Nikolao Vladimirovič NEKRASOV，俄罗斯世界语作家、翻译家。

通信联系并向兰提介绍了苏联内部情况。他们一致反对德雷仁的集权领导，赞同超民族协会的多元化发展原则。

随着德雷仁的势力的强大，1923 年下半年，他迫使《新时代》杂志停刊。1924 年中期，《超民族主义者》杂志刊登了苏维埃体制下无政府主义的文章，文章公开报道了无政府主义和布尔什维克之间的斗争。作为杂志的编辑，兰提收到了来自莫斯科方面的严厉的反驳，把这篇文章说成是“反革命文章”，兰提也表示将会拒绝发表这种攻击性或者有悖于超民族协会会章的文章。

这种拒绝是致力于“团结大于一切”的超民族协会的权宜之计。无政府主义者首批受害者早在 1924 年就对全世界超民族协会失去了信心，他们成立了自己的组织，名为“全世界无国籍世界语者联盟”[1]（TLES）。超民族协会的刊物统一了思想：所发表的各种思想自由辩论的文章都不再针对任何人。编辑部也完全拒收有反对苏联倾向的稿件。

全世界超民族协会发展成为服务于超越政党的无产阶级的组织，也避免不了与工人世界语运动的矛盾和摩擦。在无政府主义者进退两难之际，全世界超民族协会积极主动提出了建立统一阵线的思想。全世界超民族协会提出团结的口号：包容不同的思想、尊重不同的观点。

当时，苏联世界语联盟已经成为服从于苏联领导路线的官方组织。1925年7月，在苏联世界语者第二届大会上，德雷仁确定了他的领导地位，

1 于 1924 年由全世界超民族协会无政府主义者会员发起的世界语组织，由于参加者不多，影响很小，几年后他们又回到了超民族协会。

他要求无政府主义者菲特尔法斯·纳坦[1]和西尔伯法布[2]加入苏联世界语联盟。联盟中央委员会正式呼吁其骨干会员加入全世界超民族协会。

但是在后来的合作中，两个组织终因体制不同而分道扬镳。

1 Natano FUTERFAS（1896—1937），苏联世界语者、无政府主义者、超民族协会和工人世界语运动骨干成员。

2 Ioganson Zil’ berfarb，苏联世界语者、无政府主义者，其他信息不详。

7. 普罗世界语者国际的命运

1930 年 10 月，全世界超民族协会的共产党人创办的《国际主义者》[1] 杂志在柏林出版，杂志号召会员把全世界超民族协会转型成为革命组织，并罢免脱离了广大无产阶级群众的现有理事会。1931 年他们成立了国际革命世界语作家协会[2]（IAREV），革命世界语文学出版合作社[3](EKRELO)11 月在莱比锡成立，协会与国际作家联盟和苏联作家联盟取得了联系。

由于苏联世界语联盟的干涉，全世界超民族协会寄往苏联的出版物被没收。1931 年 1 月，超民族协会里的反对派公开抵制全世界超民族协会的期刊，并宣布发起罢免现有理事会的会员公投。随后全世界超民族协会的领导层采取反制措施，开除了德雷仁和 8 名反对派成员。

---

1 Internaciismo，1933 年成为普罗世界语者国际机关刊，现为国际共产主义世界语者集体机关刊。

2 Internacia Asocio de Revoluciaj Esperantaj Verkistoj,成立于1931 年，1933 年因协会主席路德维希·雷恩 Ludwig RENN 被捕而停办。

3 La Eldon-Kooperativo por Revolucia Esperanto-Literaturo，该出版在短短的时间内出版 60 多部世界语图书，1933 年，出版社负责人被捕后前迁荷兰，后迁到莫斯科，出版过 16 卷世界语版《列宁文集》，1936 年停办。

因此原计划在莫斯科召开超民族大会的希望破灭，超民族协会所提前收取的会费在苏联被扣押，全世界超民族协会第11届大会于1931年8月初在阿姆斯特丹开幕，苏联代表缺席。大会一致通过决议：支持执行委员会的行动，为重建普罗世界语运动成立“国际统一委员会[1]”（IUK）。

根据会员公投结果，大多数工人世界语者不再支持全世界超民族协会理事会，于是苏联世界语联盟中央委员会指定“国际统一委员会”为所扣款项的继承人。全世界超民族协会与苏联世界语联盟关系的破裂，共产党人纷纷离开了超民族协会，他们于1932年8月在柏林成立了普罗世界语者国际[2]（IPE）。

与全世界超民族协会不同的是，普罗世界语者国际不仅以个体会员为基础，而且与各国工人世界语协会保持合作关系。普罗世界语者国际是由国家支部组成的协会，一开始就宣称这个组织是14 000名无产阶级世界语者的群众组织。普罗世界语者国际成立后，德国、英国、中国、法国、日本、匈牙利、罗马尼亚、捷克斯洛伐克、西班牙、波兰、瑞士、荷兰、芬兰、挪威、奥地利等都成立了国家支部，其中的主要力量是德国工人世界语协会和苏联世界语联盟。

希特勒登台后，德国工人世界语者协会被取缔，普罗世界语者国际的失去了左膀右臂。为了继续开展活动，普罗世界语者国际需要另外一个右臂——苏联世界语联盟的全力支持。

1 Internacia Unuiga Komitato，普罗世界语运动国际统一委员会。

2 Internacio de Proleta Esperantistaro，全世界超民族协会与苏联世界语联盟分裂后，1932年成立的革命世界语组织。

西方的普罗世界语者国际会员也非常配合，1934 年，他们不再发泄对苏联世界语联盟的不满情绪，但对苏联不严肃认真通信的态度有意见。对这些意见苏联世界语联盟只是以自我批评回应，承诺以后会更加积极，投入更多精力履行在普罗世界语者国际的职责。

1935 年 8 月，第二届国际普罗世界语者大会在比利时安特卫普召开，苏联世界语联盟的代表仍然缺席，参会人员也不到 100 人。当苏联意识到德国纳粹强大攻势后，便发出了建立反法西斯人民阵线和保卫国家安全的口号。苏联努力改善与西欧资本主义国家政府的关系，通过共产国际，向非共产党工人组织提出共同行动计划。

在国际共产主义运动新的形势下，全世界超民族协会和普罗世界语者国际又团结在一起，在安特卫普国际普罗世界语者大会上，通过“与超民族主义和社会民主主义斗争”的决议。列宁格勒普罗世界语者国际发布宣言：不可能与托洛茨基分子和“反对全世界无产阶级苏联的组织”共同合作，对全世界超民族协会的立场表示无法接受。

普罗世界语者国际西欧会员被苏联的态度搞得不知所措、气愤不已。事实上来自苏联的一些传闻造成了普罗世界语者国际对苏联世界语联盟的怀疑，比如：苏联于 1934 年 9 月加入国际联盟，有与中立的国际世界语协会关系正常化的苗头。普罗世界语者国际西方会员认为：中立世界语运动是“容忍、甚至支持法西斯思想”，因此不相信苏联世界语联盟会加入这个“反动的国际世界语协会”。不久之后，苏联世界语联盟就坦言：与国际世界语协会合作的是有可能的，因为在面对法西斯主义威胁时，无产阶级原则上也必须要与资产阶级合作。

苏联世界语联盟与共产国际的路线步调一致，表明联盟正在打开中立的大门。苏联世界语联盟迈出的这一步引起了普罗世界语者国际的不满，1936年，普罗世界语者国际与苏联世界语联盟的联系变得越来越紧张，最后关系破裂。

普罗世界语者国际的右臂也倒下了。与苏联世界语联盟关系破裂后，普罗世界语者国际也仅剩下几百名会员，艰难维持。普罗世界语者国际发现，把世界语应用到阶级斗争中也不能隐藏对世界语的热情，在当前形势下，捍卫世界语就是反对法西斯的斗争，为了民主、平等、自由、文化交流和国际主义事业，中立主义者和世界语运动中的工人必须团结起来。

普罗世界语者国际坚持活动到1939年8月23日。一周后，第二次世界大战爆发。普罗世界语者国际的一些会员参加了反法西斯战争，而且有些人在战争中牺牲了。普罗世界语者国际的法国骨干会员马瑟尔·布布[1]和奥诺尔·布吉尼翁[2]牺牲于奥斯威辛集中营和达豪集中营。

1 Marcel Boubou（1892—1942），法国教师、二战期间工人世界语运动的骨干，1940年因反对德国法西斯被捕，于1942年遇难。

2 Honore Bourguignon（1899—1944），法国教师、工人世界语运动的骨干、1944年遇难。

8. 德拉努诬告案和英国反对普里瓦

1928年4月，乔治德拉努[1]散发了法国总代理人起草的攻击爱德蒙·普里瓦的传单。

普里瓦，瑞士人，历史学博士、大学教授、作家、记者，1903年开始学习世界语，16岁就参加了1905年在法国布洛涅召开的首届国际世界语大会。1912年当选为国际世界语协会理事，主持被压迫民族解放大会和国际委员会工作；1920～1934年担任《世界语》杂志编辑；1924～1928年担任国际世界语协会主席和世界语运动中央委员会主席；1934年成为提契诺大学教授。他的基本思想是和平主义，参加了瑞士社会党。主要著作有《世界语史》《柴门霍夫的一生》《甘地传》《世界语感情表达法》等。维也纳国际世界语博物馆藏了他的80部作品，可以说普里瓦是世界语运动最著名的领导之一，也是国际世界语协会的创始人和著名的世界语作家之一。普里瓦于1920～1921年在国际联盟担任翻译，1922～1927年担任波斯总代表首席顾问，后来成为代言人。在国联任职期间，他于1920年12月动员11个国家代表向首届国际联盟大会为世界语提案。普里瓦——这位民生斗士，反对殖民统治不朽的战士，忠于贺德勒国际主义理想和工作方针，他以他的人格魅力和渊博的知识

1 Georges Delanoue，法国世界语者，曾举办世界语广播电台。

赢得了国际联盟很多代表的同情和支持。支持者包括捷克斯洛伐克总理，后来的总统爱德华·贝奈斯[1]，以及罗曼·罗兰[2]和圣雄甘地[3]等。

普里瓦在世界语运动中担任三项重要职务，引起了一些人的嫉妒和不满，于是就有人开始攻击普里瓦。

攻击普里瓦主要的代表人物就是德拉努，他认为普里瓦一人担任三项重要职务不合适，获得的薪水太高，报销旅费支出也太多。他还对国际世界语协会赤字有疑问，特别是对机关刊《世界语》杂志的经费支出和贺德勒遗产管理有疑问。对德拉努反映的问题，国际世界语协会召开了专门会议，会议研究决定，普里瓦作为《世界语》杂志的主编每月酬金为 250 法郎及 250 法郎的车旅费，每年共 6 000 法郎。会章规定办公室主任不能担任国际世界语协会执委，而编辑可以。调查委员会对《世界语》杂志盈亏和对贺德勒遗产管理有监管责任。

各国世界语协会的代表被迫参加质询会。在质询会上国际世界语协会的内部意见被公布于世，与会人员开始攻击普里瓦，包括国际世界语协会领导成员。普里瓦只好请国际世界语协会名誉主席施泰特勒组织了调查委员会，在 1928 年安特卫普国际世界语大会上调查委员会发布了调查结果：德拉努是诬告。调查委员会认为，德拉努的言论失实、属于诽

1 Edvard Benes（1884—1948），捷克斯洛伐克政治家、两次担任国家总统。

2 Romain Rolland（1866—1944），法国著名作家、世界语的支持者。

3 普里瓦 1931 年到印度采访了甘地，在《世界语》杂志上发表了采访文章，引起英国殖民主义的不满，因此他辞去了《世界语》杂志编辑职务。普里瓦用世界语撰写的《甘地传》于 1967 年出版。

谤行为，但也向国际世界语协会领导成员提出了加强协会管理的建议。大会上选举了新的领导机构，尽管普里瓦不是候选人，他再次当选为国际世界语协会主席，但他辞去了另外两个职务。

安东尼是调查委员会负责人，1928年2月，他起草的调查报告比《世界语》杂志报道要详细。安东尼是德国世界语协会的领导成员、斯图加特银行家，后来在新的国际世界语组织中担任过重要职务。报告中说：

普里瓦是有能力的外交家和演讲家，他用极其现代的方式宣传了世界语。在旅行、食宿及日常生活中，普里瓦是非常节俭的。由于缺少经费，普里瓦经常取消重要的公务活动。

德拉努诬告案使大家对国际世界语协会的领导成员也产生了很大的怀疑，这种疑虑给国际世界语协会的日常管理敲响了警钟。

普里瓦在担任《世界语》杂志编辑期间，经常关注第三世界和被压迫民族的问题。在“东西方系列”报道中，他报道了1923年他和友人一起去印度采访圣雄甘地的情形。他认为爱好和平的雅利安人长期过着受英国殖民统治被压迫的生活，特别是贫穷落后的农村给他留下了深刻的印象。他报道说：当地人民一致要求自由、呼吁改变宪政。1931年，普里瓦再次到印度采访了甘地，普里瓦看到了警察在使用武力驱逐和平游行队伍，但是只有少数知识分子为争取自由而采取武装斗争，甚至一些人支持甘地的非武装斗争行为。他在《世界语》杂志上发表的采访的文章引起英国殖民主义的不满，英国世界语协会秘书长蒙塔古·布莱尔[1]对普里瓦的报道提出质疑。1932年7月7日，他以英国世界语协会的名义给国际世界语协会主席施泰特勒写信表示强烈抗议。他在信中指责普里瓦的报道带有政治倾向，有反对英国的企图。另一位英国人威廉·汤姆森[2]直接给普里瓦写信，他说普里瓦的观点伤害了英国人民，按照汤姆森的说法，普里瓦的报道影响了世界语事业在英国的发展，因此英国开始怀疑世界语者与共产主义有关联。在英国人的干预下，普里瓦愤然辞去了《世界语》杂志编辑职务。印度独立20年后的1967年普里瓦用世界语撰写的《甘地传》正式出版发行。

在印度访问时，对印度的印象深深打动了普里瓦，他只是想把自己的所见所闻如实地报告给读者，最终他为了追求自由而愤然辞去《世界语》杂志编辑职务。

1 Montagu Christie Butler(1984—1970)，英格兰音乐家，世界语研究院院士。

2 Alexander William Thomson（1896—1982），英国世界语者，1918年创办苏格兰世界语协会并担任主席。

9. 世界语在魏玛共和国

20 世纪 20 年代，德国世界语运动取得了很大的进步。第一次世界大战过后，魏玛共和国成立，德国很多知识分子开始关注国际语问题。1923 年，在国家总统弗里德里希·艾伯特[1]的监护下，第 15 届国际世界语大会在纽伦堡召开，4 963 人参加了大会。德国政府为大会的召开提供了资金支持，并且认识到世界语是人民教育和国际友好的重要工具。德国出版了一批世界语文学作品。《世界语信使》周报[2]也在德国创办。

1926 年，德国有 30 868 名世界语者。

德国工人世界语协会也顺势发展起来，他们举办的讲习班有数千人参加；会员数从 1924 年的 2 900 多人增加到 1930 年的 4 000 多人。

德国社会的阶级分化在有组织的世界语运动中也非常明显，一方面对于资产阶级来说，他们“经常把世界语用来服务于反德意志的国际主义、和平主义、抵制民族语言霸权”；另一方面，对工人们来说，明确目标就是使用世界语是为了加快实现社会主义。在这种环境下，德国世界语协会必须保持为“完全中立的语言群体”。

---

1 Friedrich Ebert（1871—1925），德国社会民主党领袖，魏玛共和国第一任总统。

2 德国世界语者特奥·荣于 1920 年创办的世界语周刊。

实际上德国世界语协会在20世纪20年代一直遵循着这个严格的中立原则。当主流媒体看到世界语在工人中迅速传播开，工人阶级坚持把世界语运动同政治活动联系在一起，并且希望，通过不断的成功来劝说资产阶级对世界语的实用价值的认可，打消一些人对国际辅助语理想的疑虑。

当然世界语在德国的发展也不是一帆风顺的，反对者的声音比比皆是。欧根·维斯特[1]在1931年写到：“世界语在哪个国家都没有像德国那样碰到如此强大的阻力——直到1929年在语言学界还没出现一位世界语的支持者。”第一次世界大战结束后，语言净化运动的代言人德国语言协会[2]就是主要的反对者之一。这个协会致力于保护德语纯洁性，排斥外来词。德语净化主义者也经常攻击世界语，说世界语是对德语纯洁性有威胁。为了争取语言协会的支持，德国世界语协会的会员做出了很大努力，他们经常宣传：“学习世界语能促进对母语的保护和使用，世界语还可以“防止民族语的消失和分化，保障民族语言的自由发展。”因此一些世界语者受召加入了德国语言协会。语言协会的主席理查德·延克[3]就是世界语的支持者，并且在《母语》杂志上同反世界语的言论保持距离。

1 Eugen Wuster（1898—1977），奥地利世界语者、术语学的创始人。

2 Allgemeiner Deutscher Sprachverein，德国17世纪人文主义者和爱国知识分子组织的学术性团体。

3 Richard Jahnke，德国语言学家。

施特歇的儿子，德国语言学家西奥多·施特歇[1]突出的研究结论就是要限制对外来词的争论，这个研究成果也维护了世界语的发展。

到20世纪20年代末，德国世界语协会发展稳定。德国人比在国外推广德语要重视世界语。曾担任慕尼黑德意志学院的10年秘书长的弗兰茨·费尔德[2]宣称，德国世界语者人数超过其他国家。他承认，世界语的胜利不仅归功于有识之士不懈的努力，还有赖于世界语内部机构的严谨。

1 Theodor Steche（1895—1945），德国世界语协会主席阿尔伯特·施特歇之子，哲学博士、语言学家。

2 Franz Thierfelder（1896—1963），德国哲学家、语言学家。

10. 纳粹德国对世界语的打击

1933 年，希特勒登台以后，曾保持中立的德国世界语协会渐渐屈服于纳粹思想，林斯编著的《危险的语言》有详细的记载：

> 1935 年 5 月 17 日，普鲁士王国科学教育部伯恩哈德·鲁斯特的命令[1]：
>
> 对世界语这样的人造国际辅助语来说，在国家社会主义中没有地位。世界语应用会导致民族精神的衰弱，所以人们要避免开展这类语言的教学，更不允许为他们提供教室。

该法令否认了 1924 年以来的德国政府对世界语教学的许可，禁令颁布以后，所有的世界语广播课程就都停止了。

8 月 18 日，德国世界语协会决定解散地方分会，停止世界语活动，主要的任务是用世界语进行纳粹宣传。纳粹宣传部曾两次拨款用于世界语宣传物的出版。纳粹德国暗地开展了对世界语的打击迫害活动，1935 年 5 月，在杜塞尔多夫抓捕的 36 名国家叛徒中就有 29 名世界语者。世界语组织大部分会员成为被怀疑的对象，他们开始检查世界语信件，由

1 Bernhard Rust（1883—1945），德国政治家。

于一一检查比较困难，1935 年 7 月 26 日，国家政治警察总司令海因里希·希姆勒[1] 的代言人莱因哈德·海德里希[2] 向政府提出取消世界语组织，禁止世界语活动的建议。

科技教育部支持海德里希的提议，但又有所顾忌，也不能直接反对。他在 8 月 23 日给海因里希的信中提请注意国际影响，当时考虑的是即将于 1936 年夏天在柏林召开的奥林匹克运动会。他信中说："国外几百万世界语者中大部分是没有政治倾向的，他们只注重于世界语的理想。他们自愿学习这们新的语言，是完全没有危害的……外国媒体也借用这个来宣传反德思想。教育部提出的建议是，世界语协会在纳粹党的领导下，官方不能取缔，可以给一些压力，让他们自生自灭。"

1936 年 1 月 21 日，海德里希把这个意见转达给希特勒代言人——鲁道夫·赫斯[3]。他在信中反复强调，去年世界语活动非常活跃，蒙斯特一个共产党组织的 44 人全部被捕；同时，他请求戈培尔宣传部以适当的方式限制德国世界语协会的活动。

事实上，从 1935 年底开始，纳粹媒体就发起了反对世界语的攻势。由纳粹骨干理论家阿尔弗雷德·罗森伯格[4] 创办的、完全服务于战争的《世界大战》杂志 11 月开始攻击犹太人，把世界语者说成是"全世界犹太人

---

1 Heinrich Himmler（1900—1945），纳粹主义者，武装党卫军总司令。

2 Reinhard Heydrich(1904—1942)，纳粹主义者，武装党卫军第二高级代表。

3 Rudof Hess（1894—1987），纳粹主义者，希特勒主要代言人。

4 Alfred Rosenberg(1893—1946)，纳粹理论家，纳粹党机关刊《国家观察员》编辑。

的盟友”。文章的作者是不来梅的一名小学教师特奥多尔·科克[1]，他也是一名世界语者，从1935年4月起，他开始向盖世太保提供世界语情报。

1935年11月，盖世太保波茨坦分部的内参把世界语称为“流氓的语言”。1935年底，德国世界语协会机关刊停刊。在魏玛第25届德国世界语大会筹备期间，海德里希就下了命令：

> 因为国际混合语的创造反对国家社会主义，最终只能对超越国家势力感兴趣，元首的代言人禁止所有党员，所有党的领导下各类组织的会员参加任何人造语团体。

尽管新德国世界语运动是在纳粹党的领导下，会员达到500多人，也都是纳粹党员。因为禁令，这个组织也就解散了。德国世界语协会面临问题是解散，还是继续活动。按当时的政治形势不光是会长瓦尔特自己，很多会员也必须退会。1936年底，德国世界语大会按计划如期在魏玛举行，与会代表一致决定协会继续活动。会议接受了新的会章，瓦尔特退出后，会议选举德累斯顿商人弗里茨[2]为协会主席。

按照纳粹党1940年内参报告，世界语协会会员已经失控、非法的活动不断，必须制止所有的世界语活动。6月20日，希姆勒党卫军领导下的警务办公室发布了禁止国际世界语协会、全世界超民族协会在德国开展活动的命令，命令要求德国世界语组织、特别是德国世界语协会于7

1 Theodor Koch（1905—1976），效忠于纳粹的德国世界语者。

2 Fritz Thieme，德国商人、德国世界语协会主席（1947—1953）。

月 15 前自动解散，否则予以强制取缔。

7 月 4 日，弗里茨给各地世界语组织和会员下发通知，创办了 30 多年的德国世界语协会被取缔了。如海德里希所述，德国世界语协会里有马克思主义思想，他想尽早清除这个思想，摧毁整个世界语运动。海德里希作为纳粹的代言人，对德国世界语协会内部情况非常了解。对他来说，所有的世界语者都是国家的敌人。海德里希消灭世界语运动的信心来自于党卫军和盖世太保强大的势力。1936 年 6 月 17 日，海德里希和希姆莱为了到达自己的目的，建立了盖世太保首脑和党卫队。三天后，就下令取缔了德国世界语协会。

德国世界语协会被取缔以后，很多世界语者都担心再开展世界语活动会遭到政治迫害。一些世界语者果然受到了迫害，甚至有一些人应征到瑞士战场，他们暗地还坚持学习世界语。还有一些世界语者因收到国外世界语刊物被警察传唤。安特卫普一名世界语者收到了德国驻比利时大使警告，禁止他与德国开展的世界语通信活动。

哪里有压迫，哪里就有反抗，一些世界语者开始反对法西斯统治，特别是工人阶级。用世界语反对法西斯最活跃的是共产党人。在纳粹统治的初期，德国工人世界语协会的会员就秘密举办了培训班，向国外宣传报道德国法西斯暴行，同时，他们还把国外工人世界语期刊的文章翻译成德语，用于反对法西斯宣传。全世界超民族协会刊物大量报道了德国白色恐怖的形势，共产党领导下的普罗世界语通讯也报道了德国的社会现实。工人世界语者经常在私人家里和野外聚会，经常传播革命出版物。

很多工人世界语者成为纳粹的迫害对象，一些人被捕入狱或被送进集中营，有的流亡到国外。在霍恩斯泰因集中营，一名社民党教师格哈德舒伯特[1]，因难以忍受严刑拷打，于1933年3月自缢身亡。不来梅工人世界语小组的创始人特奥多尔·施托特劳[2]被判处6年徒刑后，在狱中丧生。缅因州附近的法兰克福活跃的共产党员赫伯特·豪普特[3]早在1933年被捕，在囚室内被枪杀。

工人世界语者还在集中营里秘密传播世界语。德国工人世界语协会柏林小组发展成反法西斯小组，他们一直活动到1944年。

奥地利工人世界语协会和德国工人世界语协会一样活跃，社民党领导下的这个工人世界语联盟[4]（ALIE）主要负责人是战后成为奥地利联邦共和国总统的弗朗茨·乔纳斯[5]，1933年，这个联盟拥有1 700名会员。1934年2月，工人起义失败以后，恩格尔伯特·陶尔斐斯[6]统治当局取缔了奥地利工人世界语联盟。

---

1 Gerhard Schubert（？—1933），信息不详。

2 Theodor Stoterau，德国世界语者。

3 Herbert Haupt，德国世界语者。

4 Aŭstria Laborista Ligo Esperantista，维也纳工人世界语运动始于1912年，1922年奥地利工人协会成立，1924年给改组为奥地利工人世界语者联盟。

5 Franz Jonas（1899—1974），1922年学习世界语，曾担任奥地利工人世界语联盟书记，1951年当选为维也纳市市长，1965年当选为奥地利总统，1971年再次当选总统。

6 Engelbert Dollfuβ（1892—1934），奥地利政治家，总理。

11. 世界语在东亚国家

中国

1905 年，一名俄国商人在上海举办世界语培训班，陆式楷参加了学习，并于 1906 年举办了中国第一个世界语班。大革命时期，世界语曾活跃一时。第一次世界大战初，国际世界语协会的中国会员人数是 98 人，在全世界排在第 10 位，远远超过日本，日本当时只有 4 名会员。1908 年，上海世界语学会成立，北京的国际世界语协会会员人数比华沙的会员人数多。中国最早的世界语刊物是上海世界语学会于 1911 年 11 月创办的《世界》杂志，其次是《中国世界语者》。黄尊生在《世界语运动百科全书》中也提到了世界语和政府的关系。当时的政府外交部有世界语部门，聘用了王鲁彦和种宪民为专职工作人员，用世界语开展了反对日本入侵东北和山东的宣传。当时旅居法国的黄尊生于 1923 ～ 1926 年担任国际中央委员会委员，几十年里，他作为唯一的中国人，在国际世界语运动的机关任职。据匈牙利世界语协会出版的《世界语百科全书》记载，1926 年，中国有 7 个世界语组织，29 个地方有 476 名世界语者。

世界语在中国带有乌托邦思想，一些世界语者借助于世界语推行无政府主义。康有为结合孔子“天下书同文”和现代无政府主义思想，于1887年制定了他的“国际语社”方案，他指出，学习多门外语浪费精力，不利身心。康有为要抛弃民族语言的“世界语言”理想是全人类的和谐和世界统一伟大理想的一部分。

康有为主要思想是：一去国界，消灭国家；二去级界，消灭等级；三去种界，同化人种；四去形界，解放妇女；五去家界，消灭家庭；六去产界，消灭私有制；七去乱界，取消各级行政区划，按经纬度分度自治，全球设大同公政府；八去类界，众生平等；九去苦界，臻于极乐。他极尽赞美之词讴歌大同世界“大同之世，天下为公，无有阶级，一切平等”。

康有为著名的著作《大同书》完成于1902年，尽管这部著作公开发表的比较晚，但对中国革命影响很大。早期世界语的支持者发现世界语与康有为大同思想的一致性。鉴于汉字书写难以适应中国发展的需要，中国无政府主义者吴稚辉、张静江、褚民谊、李石曾于1907年在巴黎创办的《新世纪》周刊提倡世界语。

张继于1908年在日本创办了《恒报》，这个被称为亚洲第一份世界语报纸。近似于康有为大同的理想的还有世界语者刘师复，对刘师复来说，康有为梦想的“世界语言”就是现在的世界语。1911年后，他坚持不懈传播他的革命理想，1913年创办了中文、世界语双语杂志《民声》，宣传革命思想和世界语。为了躲避政府的打击，刘师复两次迁址《民声》编辑部，他还购置了印刷设备，在家里印制《民声》杂志。刘师复把自己的一生献给了他的事业，终因积劳成疾于1915年离世，年仅31岁。

1913年，首任教育总长蔡元培颁布了把世界语引进到小学选修课的命令。新文化运动前后，一些知识分子如钱玄同、胡适、陈独秀对中国文字改革展开了激烈的讨论，最激进的就是钱玄同，他提出以世界语代替汉字的设想。作为桥梁语言的世界语为中国文字改革和跨文化交际活动做出了贡献，西欧及其弱小民族的著名的文学作品首次通过世界语被翻译成中文。其中巴金就是代表之一，他于1924年学习了世界语，并翻译了30多万字的弱小民族文学作品。世界语得到进步知识分子的支持，世界语在人民大众中慢慢传播开来。中国的知识分子在接受世界语的同时也接受了西方的革命思想，他们逐步把世界语应用于中国的民族解放事业。

20世纪30年代初，上海成为中国世界语运动中心。上海世界语学会于1932年毁于日本的战火。1931年11月3日，主要由胡愈之、叶籁士等人发起的中国普罗世界语联盟[1]在上海成立，被称为“语联”。这个语联是中国左翼文化总同盟的下属团体，直接接受中国共产党的领导，从事地下革命活动。1932年，语盟的骨干成员萧聪被捕，世界语班遭到法国巡捕房袭击，艾青和它的12名学员同时被捕。萧聪的被捕引起了同盟领导的注意，于是于1933年1月22日成立了公开的组织——上海世界语者协会，会员有424人，胡绳也参加了协会。9月上海世界语者协会在第二次大会上就提出了“为中国的解放而学习世界语”的口号，当年12月，《世界》月刊创刊，不久这个刊物就成为中国世界语运动的核心期刊。

1 Ĉina Proleta Esperantista Unio，为了开展革命活动，中文名称采用中国青年世界语者联盟名称。

在上海世界语者协会的掩护下，语联称为普罗世界语者国际的中国支部，称为普罗世界语通讯社的中国分社，创办了《中国怒吼》，打破帝国主义和国民党的新闻封锁，传播各国人民斗争的消息。

最值得注意的是，中国世界语者为中国文字改革所做出的贡献。1929 年，瞿秋白起草的《中国拉丁字母方案》在莫斯科出版，在这个方案的基础上中苏两国的学者讨论制定了中国拉丁化新文字方案，中国专家有吴玉章、林伯渠、萧三等。1931 年在侨居苏联的 10 万华工中扫盲使用，取得良好的效果。1933 年，萧三《中国语书法之拉丁化》一文被翻译成世界语发表在国际革命世界语作家协会机关刊《新时代》上，方善镜又从《新时代》杂志上翻译成中文，被刊登在《国际每日文选》上。从 1933 年开始，《世界》杂志开辟“言语科学”栏目，首次介绍了来自苏联的汉语拉丁化方案，方善镜还担任了 1934 年 8 月成立的“拉丁化小组”组长。通过世界语推介的汉语拉丁化方案引起了社会的广泛关注，得到了著名作家鲁迅、郭沫若、巴金和矛盾的支持。

中国进步的世界语者积极投身于文字改革工作，推出了“中国文字改革方案”，为中国文字改革做出了很大贡献。

当时的文字改革方案没有被国民党政府所接受，1935 年，掀起反对汉语拉丁化高潮，汉语拉丁化方案制定人之一的瞿秋白英勇就义后，其他世界语者成为汉语拉丁化的先驱和推动者。

日本

20世纪初世界语是通过海参崴传入到日本的，当时的日本是国内形势稳定，很多进步人士加入到世界语运动中来，除了革命志士以外，其他社会群体也发现了世界语用途，自由人士把世界语作为学习西方科技知识和社会改造的有效工具；民族主义者把世界语当成反对欧洲语言霸权的工具；医学家们希望用世界语开展交流活动，还可以用世界语发表了论文和研究成果。

日本有组织的世界语运动始于1906年，当年就成立了日本世界语协会[1]（JEA），出版了著名作家二叶亭四迷[2]编写的世界语教材，首届日本世界语大会于1906年9月召开，会议选举了11名理事，理事会有历史学家，日本世界语运动的核心人物黑板胜美[3]、二叶亭四迷、大杉荣、坂井松太郎[4]等，名誉主席是外务大臣林董。

日本早期世界语运动领导机构的组成显示出其成员之间对不同个人意见的包容，他们团结一致，积极向向日本公众宣传世界语，1911年开始，一些知识分子开始支持世界语、学习世界语，甚至像大杉荣一样热情地传播世界语。

---

1 Japana Esperantista Asocio（JEA），日本首个国家级世界语组织，后被1919年成立的日本世界语协会（JEI）取代。

2 Hutabatei Simei（1864—1909），原名长谷川辰之助，日本作家，翻译家。

3 Kuroita Kacumi（1874—1946），日本早期世界语运动领袖。

4 日本普罗世界语同盟总书记。

日本世界语运动启蒙以后，日本世界语者人数也随之增加，当然活动仅限于几个大城市，即东京、横滨和京都等。在 1919 年第 9 ～ 10 期《日本世界语者》杂志里可以看到社会各界的有识之士的名字，比如生物学家伊胜德元助，汉学家石滨纯太郎，日本编年史和其他古典文献翻译家野原休一，著名记者，无政府主义者相坂吉，新派诗人明海要吉，哲学家高楠顺次郎，英语语言学家、美国社会革命党积极分子佐佐城佑、日本共产党创始人之一、社会主义运动的先驱、左翼社会民主领袖山川均、俄语语言学家、在苏维埃失踪的记者大庭柯公等。日本世界语协会名誉主席是外务省大臣子爵林董，理事会还里有知名激进主义者坂井、大杉荣、民族主义者波斯贞吉等。

日本世界语运动中有一部分进步思想就是世界语所带来的开放和革命思想。成立于 1919 年，由东京大学学生发起成立的“新人会”就是一个革命团体，他们在会刊《民主》创刊号的封面上刊登了卢梭、托尔斯泰、马克思、克鲁泡特金、林肯、罗莎·卢森堡和柴门霍夫的肖像；世界语也被采用到普罗文学运动机关刊《谁是播种人》创刊号上，这个刊物广泛接受各种思想，不久就偏离了马克思主义思想，因此杂志的创始人之一的佐佐木孝丸[1]便于 1921 年在东京创办了《播种》杂志，使之成为团结全世界无产阶级的语言纽带。

第一次世界大战后的世界格局发生了变化，日本对和平时代和国际主义时代的到来充满了希望，同时也是扩大世界语宣传的机遇。1919 年，

1 SASAKI Takamaru（1898—1986），著名演员、普罗作家，剧作家，导演。

小板涓二[1]发起成立的日本世界语学会（JEI）[2]取代了战前的日本世界语者协会，日本世界语运动取得了突破性进展。世界语在日本拥有了大批的支持者，他们赞同世界语的理想，尽管世界语不如在欧洲应用得广泛，他们还是积极主动开展世界语推广活动。动员资源主要是来自柴门霍夫的人格魅力，柴门霍夫朴素的形象和他的“人类一员主义”的思想感动了很多热情的追随者，“人类一员主义”曾被日本世界语者看成一种信仰：

我们胸前闪烁的绿星引导我们走向崇高的目标，世界永久和平，充满正义、情义、没有武力、没有阴谋，为长期受苦受难的人类祈祷。

日本本土思想浓厚的大本教也接受了“人类一员主义”。其实，这个保守的、崇拜西方的宗教集团于1923年就把世界语作为国际交流的工具，这就表明了世界语向日本更广泛的社会阶层发展。

世界语的国际化理念对民族主义者有冲击，日本世界语学会机关刊《东方评论》于1926年发表的文章公开提到敏感的话题——韩国抗日行为和反对党问题。作者清见陆郎[3]提到：“用武力把自己国家语言强加给有语言、文化和历史的其他民族，本身就是违背了自然规律。”在希望保留韩语的同时，他推荐世界语作为日韩之间的交流工具，“韩国人！如果你们要彻底表达你们自己的愿望、苦难、愤怒，那就学习世界语。”

1 Ossaka Kenĵi（1888—1969），机械工程师，日本国家铁路课长。

2 2012年更名为日本世界语协会。

3 Kiyomi Rokuro（1896—？），日本剧作家。

涉及到政治问题，日本世界语学会都很谨慎，他们尽量保持中立。

19世纪20年代，日本世界语学会没有涉及政治问题，因此得到了很好的发展，但一些非中立的、进步的世界语者却遭受了严厉的打击。1919年，大杉荣的学生山鹿泰治[1]坐了3年的牢房，因为他印发了无政府主义的小册子《时的福音》。1921年5月，乌克兰盲诗人瓦西里·爱罗先珂[2]，因参加“五·一”游行和日本社会主义者联盟第二次代表大会而被驱逐出境。当时，东京媒体以醒目的标题报道：“日本世界语学会以世界语文化运动之名义暗地宣传危险思想。”小坂涓二经常被传讯。爱罗先珂被驱逐以后，事件的公开却引起了日本社会对世界语的好奇与关注。

19世纪30年初，左翼人士对日本世界语学会便发起强烈批评，日本世界语运动的形势也有所改变。日本《普罗世界语教材》成功出版发行。1931年1月，日本普罗世界语同盟[3]（JPEU）成立，著名剧作家秋天雨雀担任了同盟的主席。同年10月，日本普罗文化联盟[4]（KOPU）成立，普罗世界语同盟成为它的一个专业组织之一。1932年8月，普罗世界语国际成立后，这个同盟成为它的日本支部。日本普罗世界语同盟有300多名活跃的会员，在全国举办世界语讲习班，创办了《同志》[5]杂志。

---

1 Yamaga Taizi（1892—1970），日本无政府主义者，和平主义者。

2 Vasilij Eroŝenko（1890—1952），俄罗斯盲人作家，诗人，翻译家。

3 Japana Proleta Esperantista Unio，日本最大的工人世界语组织，也是普罗世界语者国际日本支部，大部分是共产党员。

4 日本左翼文化组织，简称“考普”，即KOPU的音译。

5 *kamarado,* 世界语译名。

1931年9月，“九一八事变”前后，日本普罗世界语同盟深入到人民大众中，他们就把社会和政治问题紧密结合在一起，遭到了日本警方的严厉打击。在1931年5月前，东京世界语学习班所有的举办人全部被捕，政府的目就是采取武力阻止世界语教学活动，劝告学员不要学习世界语，禁止销售《五一》读物、《首要任务》初级教材和《普罗世界语教程》等。

因为普罗世界语同盟为日本普罗文化组织与国外相关组织开展国际交流活动，日本普罗国际关系的加强，越发招致警方的打击。1932年3月，日本普罗世界语同盟第二次代表大会开幕式，警察冲进会场，他们禁止宣读贺信并没收了这些贺信，勒令不让使用世界语。大会还没有作工作报告，警官就宣布散会。警察搜查了同盟的办公室、销毁了重要的资料。从那时开始，同盟转入地下活动。

第二年开始，对普罗运动的领导人的严厉打击致使同盟的主要活动停止，有2 500个订户的机关刊物《同志》停刊，同盟账户被封。1934年初，同盟主要负责人被捕或者离职，当年，这个组织就名存实亡了。后来监狱成为培养世界语者的地方，很多的世界语者都是在监狱里学习的世界语，还有一些著名的共产党人在监狱的恶劣环境下投身于世界语运动。

普罗世界语者较早地解放了思想，无条件服务于日本革命的共产国际。日本普罗世界语同盟要求会员提高政治觉悟。在日本普罗世界语同盟发展中期，几名没有被逮捕的地方骨干人员，不顾日本普罗世界语同盟的教训，想继续分散开展活动，神户支部起到了带头作用。在中塚吉次的领导下，神户支部于1934年3月脱离了日本普罗世界语同盟，公布了新的章程：即“反对法西斯；提高会员语言水平；鼓励开展国际通讯活动。”中塚集团借鉴了中国进步世界语运动的经验并开始与普罗世界语者国际合作，要求会员团结在《前进》杂志周围。日本普罗世界语同盟东京总部早期负责人，主要负责国际通信的栗栖继也加入了《前进》小组，他被捕重获自由后搬到了神户。他在神户成立了名为“五月会”的文学小组，小组的刊物《五月》完全用世界语编印，与国际革命世界语作家协会保持联系。

日本普罗世界语运动在日本文字改革方面也做出了突出贡献，斋藤秀一[1]成立了语言改革小组并出版《拉丁化》杂志，斋藤认为，在知识分子开展的拉丁化运动中，应该更多关注还没有加入到这个运动中来的工人和农民，因为“拉丁化可以解放被压迫的人民，而不是为统治阶级服务”。斋藤从中国学习了拉丁化运动的经验，他与叶籁士领导下拉丁化运动的中国世界语者紧紧团结在一起。对斋藤来说，与中国人一样，拉丁化和世界语是民族解放斗争中的工具：为了帮助面对繁体字难以获得知识需要的社会大众，为了阻止强权统治对知识的垄断，首先，接受拉丁化是推广日语的前提，其次，他要求在国内使用拉丁字母，在国际范围内使用世界语。他所构想的世界语作用如下：

放弃殖民地区的语言政策，不强迫他们使用日语，让殖民

1 Saito Hidekatu（1908—1940），日本方言学家，世界语者，日本共产党员，拉丁化运动推动者。

地区民族的语言自由发展，在他们中间推行拉丁化和世界语，以便他们与日本交流和沟通。

不幸的是：1936 年 12 月至 1937 年 5 月全面打击左翼世界语运动。司法省刑事厅编印的《思想月报》定期记录了世界语杂志和图书信息。最重要的档案是 284 页的“普罗世界语运动机密档案”。

这个机密档案以被捕的日本普罗世界语同盟骨干调查统计为主线，详细记录了日本普罗世界语同盟的活动以及灭亡过程，还报告了国际工人世界语运动发展情况。

被捕人员被严刑拷打或精神折磨，被威胁脱离反政府行为。受害者为了重获自由不得不转向东正教。但是，几名被捕人员在监狱或者出狱后丧生。这里有日本人民阵线世界语运动的核心人物、《前进》杂志的编辑中垣吉次 。他在绝命书上签字，坚定自己的理想信念，他不屈的精神成为日本统治阶级的牺牲品。中垣强调：“他使用世界语首先就是为了阶级斗争，……世界语者本质就是热爱民主和国际主义。”没有外界的帮助，因长期饱受牢狱之苦，中垣在大阪医院死于肺结核。同样不幸的还有斋藤秀一，他不屈服，也不参加中立的日本世界语学会，因为中立主义不是他追求的思想，他坚守自己的理想与信念，他在日本为中国拉丁化运动募捐中被捕，在狱中患上肺结核，于 1940 年 4 月被释放，同年 9 月 5 日在家中病逝，年仅 33 岁。

有些普通世界语者，像一些左翼人士或者自由人士都是被怀疑的对象，比如：日本普罗世界语同盟的大阪支部的会员全部被捕，被捕的理由是非法聚会。这种学习和联谊活动对热情的世界语者来说都可以理解，按照统治政府的逻辑，聚会会滋生共产党细胞。1939 年 9 月，熊本县三名世界语者被捕。政治警察月度报告称，他们非法开展世界语活动，特别是把柴门霍夫的"人类一员主义"应用于反战和反对法西斯斗争中。为了反对法西斯和抵制中立主义，他们号召世界语者加入到反战和反对法西斯活动中来。随后，日本世界语学会就遭到了警方的审查，要求提供会员名单，他们还搜查了日本世界语学会图书馆。参加学习班的人都要被传唤到警察局询问是常有的事。警察还把世界语词典放到二手书书店，吸引对词典感兴趣的嫌疑人。哪里世界语活动频繁，哪里就有警署的探子，特别是战争期间。为了监视世界语活动，邮政人员和邻居都成为警署的眼线。在熊本县收到同一国家，同一语言的外国邮件都会有被审查的风险。

日本世界语学会的工作经常受到干扰，世界语在日本被官方打上"危险的语言"的烙印，白色恐怖事件随时会发生。无论如何，恐怖事件基本都是因为个人政治导向问题，对世界语运动还没有系统化的打击迫害行动、也没有像第三帝国那样的疯狂。日本世界语学会无需投资来拯救世界语运动，德国部分世界语者直接背叛了世界语理想，也没有成功。日本世界语学会在很多方面没有放弃对柴门霍夫理想的追求，也没有以"人类一员主义"的名义为战争做夸大的宣传。这首先有赖于日本世界语学会明智的领导们，在日本政治膨化时期，学会领导们在经历了对世界语打击的风暴，明确把学会定位为纯语言组织。这个中立思想唯一的可能是避免对强大的普罗运动的打击也会影响到资产阶级民主，中立的前提是，一方面阻止会员的政治倾向或者右翼会员微弱的自卫能力，另一方面为了保护他们的语言和组织能力。当然，中立主义也曾是危险的游戏，但也摇摆不定，有时会倾向于左翼，特别要指出的是日本世界语学会的出版政策。1932年，日本世界语学会出版了斯皮里多维奇[1]编写的《语言学和国际语》日语版。

1 Elim Spiridoviĉ，苏联语言学家，世界语者。

12. 赫尔辛基协定与科隆协议

赫尔辛基协定是1922年国际世界语协会和国家协会旨在实现共同的目标讨论形成的合作形式。早在1919到1920年间，巴黎中央事务局塞伯尔与贺德勒、施泰特勒和普里瓦开展了开展实质性合作，他们经常书信往来，书信的内容也许涉及到世界语机构的统一与合并的问题。他们在多届国际世界语大会上都一起讨论了这个问题，最后决定建立一个正式的机构来讨论解决此事。这个机构就是由巴黎中央事务局和国际世界语协会派代表参加的国际协调委员会。

施泰特勒建议国际协调委员会就是成立唯一一个的中央委员会，对国际世界语组织和国家协会统一管理、统一口径向中央账号交费，然后按专业需要分配使用。国际世界语协会在柏林开始筹备这个中央委员会，巴黎中央事务局开展了国际宣传工作。

英国人威廉·曼·帕戈[1]还提出成立国际世界语者协会联盟的方案。联盟不但拥有个人会员，还可以发展各国世界语组织、专业组织或者地方世界语俱乐部为团体会员。这些团体会员根据会员人数向这个国际组织缴纳会费。个人会员通过代理人，团体会员通过组织，每个组织向总理

1 Wilian Main Page（1869—1940），英国世界语者。

事会推荐 6 名理事。但是 1922 年，这个联合组织，由于步子太大而形成了两派。这一山二虎的方案不妥，因此施泰特勒和塞伯尔对这个方案都不太满意。

1922 年 8 月，在参加国际世界语大会的途中，普里瓦和中央事务局沙韦共同商定了赫尔辛基协定的 6 个基本观点。按照这些观点，各国世界语协会向自己的领导机构推选代表组成国家常务代表团[1](Ko-Ro)，常务代表团在每年的国际世界语大会上与国际世界语协会共同推选世界语运动中央委员会委员。后来这个委员会改为国际中央委员会。中央委员会在国际范围内领导世界语运动，向外界宣传推广世界语。国际世界语协会、国际中央中央委员会，常务代表团、语言委员会和大会常务委员会并存，作为世界语运动的正式机构互相认可。

在 1923 年纽伦堡国际世界语大会期间，中央委员会和国家常务代表团开始在赫尔辛基办公，国家常务代表团主要人物是英国人谢菲尔德和英国世界语协会主席约翰·默钱特[2]，中央委员会首任主席由普里瓦担任，德国约翰内斯·迪特勒[3]分管教学和文学，捷克斯洛伐克的鲁道夫·郝马德[4]负责宣传，加布里埃尔·沙韦负责协调世界语运动，留学法国的中国人黄

1 La Konstanta Reprezentantaro de la Naciaj Societoj

2 John Merchant（1872—1935），英国世界语者，世界语原文作家。1923—1926 年担任常务代表团主席。

3 Johannes Dietterle（1866—1943），德国世界语者，哲学博士，教授。

4 Rudolf Hromada（1980—1964），捷克世界语者，捷克斯洛伐克世界语协会秘书长、语言委员会委员、世界语研究院院士，二战期间被关押集中营5年。

尊生[1]负责东方及美洲宣传，实际上黄尊生是欧洲以外的国家代表。

国家常务代表团和中央事务局合署办公，秘书由沙韦担任。1924 年大会常务委员会取消，赫尔辛基模式开始运作，大会筹备事务由大会常务委员会负责，并直接和中央委员会保持联系。

罗伯特·克罗伊茨[2]从 1922 年开始担任国际世界语协会德国西南地区总代理人，1925 年成为中央委员会主席后来到日内瓦就职，除了筹备国际世界语大会以外，他还编辑《世界语之匙》[3]和世界语广播宣传信息。国际世界语协会办公室主任汉斯与罗伯特不和，罗伯特于 1931 年离开国际世界语协会办公室，在日内瓦另外租了办公室。罗伯特经验丰富、聪明睿智，但刚愎自用。即使在赫尔辛基模式里没有提到的条款，中央委员会在敏感问题上也和国际世界语协会一样保持中立，中央委员会于 1929 年发表了《中立宣言》，旨在只提倡世界语，而在政治、宗教、种族及社会问题上保持中立。

在历届国际世界语大会座谈会上，国家常务代表团、国际世界语协会和中央委员会没有创新。鉴于这个问题，从 1929 年开始，赫尔辛基协定下这三个机关以全体领导的名义召开联合座谈会，但问题仍不能得到真正的解决。

1 Wong Kemm（1894—1990），中国世界语者，语言委员会委员、世界语研究院院士。

2 Robert Kreuz（1894—1936），德国世界语者，国际世界语协会办公室主任，语言委员会委员。

3 用民族语编撰的世界语宣传资料。

1932年，按照赫尔辛基协定，国际世界语协会出现了缴费问题，大部分国家协会退出了赫尔辛基协定，继而成立了国际世界语者联合会[1]。1933年，国际世界语协会、国家常务代表团、国际世界语者联合会在科隆第25届国际世界语大会签订了新的合作协议，史称“科隆协议”。科隆协议确定了国际世界语协会的国际地位，根据协议，中央委员会、国家常务代表团、国际世界语者联合会活动终止，并将资料资产移交国际世界语协会，国际世界语协会也修改了章程，1934年，新的国际世界语协会登场。

1 Universala Federacio Esperantista

13. 国际世界语协会迁址风波

新的国际世界语协会成立以后，办公室主任是罗伯特，由于工作压力大，精神高度紧张，身体出现了问题，罗伯特在家养病，几周后，国际世界语协会工作受到了影响，《世界语》会刊被拖期出版。1936 年 2 月 1 日，罗伯特病倒在街头，不久后病故，年仅 42 岁。

罗伯特的突然病故引起了国际世界语协会的高度关注，立即聘用迈克尔·维滕贝格[1]为临时办公室主任，这位来自俄罗斯的犹太人是德国布尔什维克的代表。他 1933 年流亡到法国，1942 年到瑞士，曾在国际世界语协会办公室主任罗伯特领导下工作过，但目前困难的是他在瑞士没有居留权，因此他只工作了两个月。国际世界语协会只好另请英国世界语者查尔斯担任国际世界语协会办公室主任，他可以接受这个职务，但条件是必须在伦敦工作，因为他当时任英国世界语协会秘书长，在伦敦合署办公可以节约办公经费。

1936 年 3 月，《世界语》杂志报道了执委会关于国际世界语协会总部由日内瓦迁往伦敦的决定。国际世界语协会主席巴斯蒂安提到了国际世界语协会的财务困难，由于入不敷出，1936 年《年鉴》仍不能足页出版，还要辞退工作人员。对很多世界语者来说，日内瓦有象征意义，因为国

1 Michael Wittenberg（1881—1954），世界语名 Movo。

际联盟在中立的瑞士。前两个月内，巴斯蒂安收到了很多世界语者关于国际世界语协会迁往伦敦或维也纳的建议。在执委会表决时，12 票赞成迁往伦敦，6 人支持迁往维也纳，只有 4 人坚持留在日内瓦。因此，国际世界语协会办公室新主任查尔斯便开始在伦敦工作。

在国际世界语协会例会上，查尔斯在向领导集体汇报财务情况时说，由于外汇原因，伦敦比日内瓦的费用较低，比如，如果国际世界语协会比日内瓦付同样的工资，在伦敦就能节约 14% 的费用。

4 月 15 日，5 名日内瓦世界语者对国际世界语协会迁址提出了反对意见。他们请求地方法院出面干涉搬迁，因为国际世界语协会章程规定确定日内瓦是国际世界语协会法定会址。因为国际世界语协会瑞士会员的权力受到了侵害，根据诉求干预取得了成功，地方法院裁定禁止搬迁。国际世界语协会法定会址仍然设在日内瓦，伦敦仅作为其行政管理机构。于是，关闭日内瓦总部、辞退职员、伦敦办公室于 1936 年 5 月 1 日开始办公的计划搁浅。

要搬家就要修改会章，修改会章就要由代理人投票。

5 月 10 日，国际世界语协会主席巴斯蒂安给总部新主任查尔斯提出了两个办法，一是实际办公地设在伦敦，法定地址在日内瓦。二是日内瓦可以作为资料保管场地。巴斯蒂安也担心地方法院宣判国际世界语协会解散、原国际世界语协会事务会交给日内瓦地方世界语组织处理，或者交给日内瓦世界语小组。如果大部分代理人不同意修改会章怎么办？没有大部分代理人的信任，查尔斯就不能担任国际世界语协会总部主任、巴斯蒂安也不能担任主席职务。按照会章规定，只有执委会向代理人提出修改会章建议，代理人才能决定协会搬迁，而并非领导集体有决定权。现在确定这个搬迁决定必须经由代理人投票。执委会没有必要做出新的决定，查尔斯也是同样的意见，走法律调解的道路。

对国际世界语协会搬迁的问题巴斯蒂安和查尔斯都比较着急，因为瑞士执委施泰特勒在 1936 年 5 月 24 日信里向国际世界语协会主席指出了两个重要问题。一是按照会章规定，会员们要看到投票结果，而四月的《世界语》杂志没有投票结果。二是可以建议在会章里增加有关伦敦办公的条款。但是第 60 条没有修改，按瑞士国籍账户继续承认国际世界语协会在瑞士的法人资格。按照第 9 条国际世界语协会应按瑞士会计制度核算等，这些会章条款没有遵守。

巴斯蒂安接受了会章有关瑞士的条款，但是在《世界语》杂志上向会员通报了协会的状况，杂志严重拖期，他强调了搬迁的重要性，以辞职要挟接受搬迁。

在投票期间，查尔斯和领导成员艾福德·马尔姆格伦[1]收集了一些日内瓦方面的意见。

7 月的《世界语》杂志公布了投票结果，收到了 901 票，其中 78.8% 赞成国际世界语协会搬迁，6 月中旬就要迁往伦敦。1936 年 6 月 4 日，当塞西尔、查尔斯请求对日内瓦总部审计时，他发现还有不可解决

1 Ernfrid Malmgren（1899—1970），瑞士教师，瑞士旅游世界语协会，瑞士世界语旅游委员会主席，1947 年当选为国际世界语协会主席。

的问题。日内瓦保卫者保罗·布维尔[1]没有到场，而国际世界语协会前主任汉斯以会员代表身份在地方法院的陪同下来参加审计。在审计中汉斯不断询问会章问题，最重要的是执委会有没有修改会章的决议。查尔斯回答，没有正式决议，但国际世界语协会领导以书面形式进行了表决。

致命的打击是：代理人投票修改会章，应该由执委会提议，不能由领导们说了算。5月24日，施泰特勒在信中已经指出了这个程序上错误。查尔斯感到奇怪的是，汉斯这个消失的人怎么会突然出现。汉斯后来在给熟人的信中提到了这个戏剧性变化。他坚持国际世界语协会总部留在日内瓦。当时公开出来保卫国际世界语协会的人只有5人，但是这个战斗小组不久就失去了斗志就解散了。汉斯告诉查尔斯说，他能决定在必要的一天去法院起诉，因此查尔斯猜想汉斯在等施泰特勒的信件。这个英国人立即明白了，这位前主任和这位几个月前就开始阻止国际世界语协会总部搬迁的名誉主席已经联手。

国际世界语协会档案显示施泰特勒在1936年3月30日给汉斯的信件中就鼓动他走法律渠道。根据施泰特勒解释，反对搬迁至少要有互不相识的三个人起诉才最有效，找到了一位德国的卡尔·马克思·里尼格尔[2]，在汉斯面前施泰特勒也公开表示不愿出面，以免别人骂他给他的接班人出难题。他打算先付法院起诉费用，自愿提供200法郎的费用。

---

1 Paul Bouvir(1889—1974)，瑞士世界语者，国际世界语协会瑞士代表，出纳。
2 Karl Max Liniger（1901—1965），1936年主持国际世界语协会临时委员会，1939年被推选为国际世界语协会主席，1947年国际世界语协会和国际世界语联盟合并后当选为国际世界语协会名誉主席。

4月4日投票结果出来以前出现了转机，巴斯蒂安和查尔斯在信中讨论了在日内瓦法院管不着的伦敦成立新的组织。

维也纳大会以后经过几次谈判，无果，查尔斯开始筹备新的组织。这个组织取名为伦敦国际世界语联盟[1]（IEL），查尔斯被指定为秘书长。临时执委会成员由国际世界语协会执委担任，第二年的华沙国际世界语大会将由这个联盟主办。9月18日巴斯蒂安发出了成立国际世界语联盟的倡议。

1936年，特奥·荣离开德国，在荷兰海牙定居。他的《世界语信使》周报和《国际世界语》杂志成为国际世界语联盟的机关刊物。12月的会刊上看到了前国际世界语协会30名执委有24名成为这个联盟临时执委会委员。在1937年3月的杂志上通报了国际世界语协会原国家协会几乎全部都参加了国际世界语联盟，意大利没有参加，与联盟建立了正式的合作关系。西班牙和加泰罗尼亚因国内战争仅与联盟建立合作关系。瑞士世界语组织于1938年在比尔召开首次年会时全票通过加入了联盟。在1937年3月，国际世界语联盟出版了首本《年鉴》，在《年鉴》的前言，巴斯蒂安自豪地宣称联盟已经发展了5 000名个人会员，这个数字有点扩大，因为1937年12月出版的《年鉴》标明了按国家排列的2 697名个人会员和10 790名参加国世界语协会会员的详细名录。查尔斯在《国际世界语》1937年3月杂志上也承认科隆世界语大会以后会员流失很多。1933年前国际世界语协会有7 809名个人会员，1939年底，国际世界语联盟共发展3 143名个人会员。

两名英国会员向这个新的联盟捐赠了位于伦敦附近的里克曼斯沃思

1 Internacia Esperanto-Ligo，简称：国际世联。

哈罗盖特的一栋别墅。1936 年 12 月，举行了揭幕仪式，国际世界语联盟主席巴斯蒂安出席了别墅启用揭幕仪式。查尔斯希望国际世联进一步发扬和继承国际世界语协会的传统。国际世联不仅吸收国家协会，也发展专业协会。尽管还有一些协会没有参加国际世联，但也都有合作关系。

1937 年 6 月，国际世联章程比 1934 年国际世界语协会章程简化了很多。国际世界语协会章程是包容，各国世界语组织都可以通过国际世界语协会平台而得到发展。国际世联拟定的总章注重了实践应用。

在政策上国际世联了解只有国家协会有权推选执委会执委，执委选举领导机构。代理人和个人会员没有选举权。巴斯蒂安抓住这个机遇，说国际世界语协会矛盾的起因不是财务问题，而是组织问题。理论上的权力在信息不通、沟通不力的会员手里。现在国家协会都运转良好，可以在国际组织内肩负起主要职责。

可以想象，反对者们对国际世联削弱个人会员权力进行了尖锐的批判。而在日内瓦却相反，人们发现国际世联照搬了国际世界语协会的章程，宗旨及组织机构近乎相似，强烈谴责国际世联的抄袭行为。国家协会——像 1932 年的国际世界语者协会联盟一样窃取了国际世界语协会的运营模式。

尽管国际世界语协会大部分会员、国家协会都参加了国际世界语联盟，但一些领导人仍然坚持在日内瓦开展活动，成为国际世界语协会的坚守者。

这一段历史被成为国际世界语协会的“低谷”期。

14. 对国家民族问题的争议

1939 年前后，各国世界语协会之间或内部争议引起了国际世界语协会关注和与其关系的摩擦。一方面源于 1918 年后欧洲形势的变化；另一方面是国际世界语协会与多民族国家的关系问题。比如荷兰、瑞士、比利时等，以前对一个国家来说只能有一个世界语组织加入国际世界语协会，但是其他多民族国家按照民族分别成立了多个世界语协会，在两次世界大战期间的捷克斯洛伐克就是其中一例。

捷克斯洛伐克世界语者协会里有捷克人、斯洛伐克人、匈牙利人、波兰人和乌克兰人。在这个多民族的国家还有少数民族日耳曼人，即苏里南日耳曼人。这个群体大概占全部人口的 1/4，他们于 1924 年在捷克斯洛伐克成立了自己的组织——日耳曼世界语协会。

国际世界语协会捷克斯洛伐克的总代理人是奥拓·斯莱兹卡[1]，他是国际世界语协会国家代表，因此就形成了三足鼎立的局面，即斯拉夫语系的捷克斯洛伐克世界语协会、讲德语的日耳曼世界语协会，特别是这两个国家级世界语协会长期与国际世界语协会保持友好合作。

日耳曼人想在世界语界提高知名度，也想保护自己的民族文化，很

1 Otto Sklenĉka（1891—1962），信息不详。

早就发生过因地名引起的争议。早在 1923 年，捷克人就埋怨国际世界语协会把捷克某一地名写在德国栏目下。

在当时的《年鉴》里，城市名称是跟着代理人名字按字母顺序排序。从 1928 年开始按国家排列。《年鉴》的编辑汉斯是按代理人署名的城市排序的。比如，德语的城市波希米亚，赖兴贝格按字母顺序出现，但在捷克地名要在 L 字母后边，要再找赖兴贝格，因此捷克外交部长爱德华对国际世界语协会主席普里瓦说，我也要尊重代理人或者民族感情。1929 年底，捷克斯洛伐克世界语者协会正式发起名称保卫战，国际世界语协会斯洛伐克会员中的卡玛尔认为，城市的名字应该一致用斯洛伐克语书写，13 名会员谴责国际世界语协会总部主任汉斯欺骗捷克人。布拉格女代理人克莱姆·郝拉考娃[1]，因长期反对在捷克使用德语地名书写捷克城市地名，而辞去代理人职务。

最重要的原因是，捷克斯洛伐克的新政，捷克政府强烈要求使用斯拉夫名字，禁止使用德语。因此汉斯按德语和匈牙利语启用的字母排序系统告终。

在此之前，这个名称问题引起了德国人的不满。赖兴贝格代理人古斯塔夫·肖尔茨[2]向日内瓦国际世界语协会总部主任发出警告，称国际世界语协会德国会员都将脱离国际世界语协会。他认为国际世界语协会大部分捷克斯洛伐克的讲德语的会员都要求离会，但不是捷克斯洛伐克世界语者协会。

1 Klema Hlavacova，信息不详。

2 Gustav Scholze（1889—？），信息不详。

1930年3月，汉斯开始转变，因为他找到了布拉格教育部于1923年出版的地理教材。瑞士大使馆也证明说德语的地名不是被禁止的。在向国际世界语协会的报告里，汉斯总结了这个争议的来龙去脉，以捷克和对自己国家法规的误解来说明此事。国际世界语协会支持和反对捷克斯洛伐克的观点成为焦点，总部主任的信件不能代表国际世界语协会。

第四章　第二次世界大战期间的沉重打击

1. 法西斯对世界语发展的影响

1938年3月12日，奥地利被德国吞并，20日，奥地利国际世界语博物馆被党卫军卫队关闭，各类世界语组织也遭到了毁灭性打击，中立的奥地利世界语协会和1936年按照纳粹制度成立的、由前社会党人领导的奥地利世界语联盟都难逃厄运，前者按照要求必须肃清，后者被武力取缔。

捷克斯洛伐克被吞并以后，统治者于1938年12月16日下发通知，捷克斯洛伐克苏台德日耳曼世界语协会也必须解散。

在柏林工作的瑞士杂志特邀通信员、记者汉斯翁格[1]就经历了这一切，在国际世界语联盟的1939年《年鉴》里，他是德国唯一的专业代理人。在他去柏林一家咖啡馆与当地十几名世界语者聚会后，他就被传唤到盖世太保警察总局。海德里希亲自审问了他，说他通信的目的是：想建立国际同盟以反对第三帝国。翁格争辩说：“如果因为应用世界语，就被送进集中营，这就违背了人类的良知……”海德里希立即打断他的话：“我们的良知是日耳曼，只能按照这个原则，‘人类的良知’就是犹太人的发明创造，我们对此不感兴趣。”后来，翁格在鲁道夫·赫斯那里也听到了类似的训斥，其实纳粹德国的用意是实施其霸权主义在全欧推广简化

1 Hans Unger（1897—1981），奥地利政治家。

德语的计划。

翁格、赫斯和海德里希谈话不久，第二次世界大战就爆发了。纳粹主义者的真实面孔就暴露了出来。1942 年 7 月，希特勒要求，东欧占领区非日耳曼居民不能享受高等教育，要向犹太和斯拉夫人教授德语。

纳粹向东的扩张就意味着象征着语言平等的世界语被否定。在波兰被占领的第 2～3 天，德国士兵就闯入到世界语者家里。1939 年 9 月，著名的世界语者克拉科夫病菌学家、柴门霍夫的同学奥多·布维德[1]的家也遭到了秘密警察的搜查。柴门霍夫一家自然是在劫难逃。10 月 4 日，纳粹安全部门就冲进犹太医院，逮捕了柴门霍夫的儿子、医院眼科主任医师亚当[2]。柴门霍夫的孙子，亚当的儿子扎列斯基·柴门霍夫[3]和母亲万达[4]隐姓埋名躲藏到波兰人家中躲过一劫，他证实：对柴门霍夫一家抓捕是有预谋的，因为很多家人在同一天被捕。犹太人和波兰知识分子，包括一些世界语者在海德里希疯狂围猎之下已经无安全可言，逮捕柴门霍夫一家和其他世界语者不需要特别的命令。在第四执行组组长洛萨包[5]1939 年 10 月 6 日的行动报告里特别提到："华沙主要犹太人领导之一，著名

1 Odo Bujwid（1857—1942），柴门霍夫的大学同学，1912 年担任克拉科夫第 8 届国际世界语大会主席，战后担任波兰世界语联合会主席。

2 Adam Zamenhof（1888—1940），1939 年被捕，1940 年被纳粹杀害。

3 Louis Christophe Zaleski-Zamenhof（1925—），随母亲隐姓埋名躲到波兰人家中，逃脱希特勒追杀，1960 年，移居法国。

4 Wanda Zamenhof（1893—1954），信息不详。

5 Lothar Beutel，德国党卫军特工人员。

的柴门霍夫一家被捕、被审查。”柴门霍夫的儿子亚当于1940年1月29日被枪决，女儿苏菲娅[1]、莉迪娅[2]、妹妹伊达[3]于1942年在特雷布林卡集中营全部被煤气毒死。波兰很多世界语者都被杀害。

1939年9月27日，在华沙被占领的几天后，柏林就建立了帝国中央保安总局，他们联合国家安全警察（包括盖世太保）、党卫军形成了强大的安保中心，以对应和压制纳粹统治反对者，这个中心的头目就是海德里希，逮捕波兰世界语者就是帝国保安总局所为。事实上，保安总局成立前，1937年4月，负责理论研究的二部头目弗朗茨·阿尔弗雷德·希克斯[4]开始调研和筹备工作。总局成立后，希克斯成为总局仅次于海德里希最重要的人物之一，他的接班人是维纳·贝斯特[5]。希克斯成为党卫军指挥官，1940年以后担任大学教授，战后从事学术研究工作，参与制定纳粹灭绝计划或采取其他方式参加纳粹行动。

1936年，开始代号为“112”的二处负责犹太人问题的工作，是希克斯部门的另外一个处室，这个处室除了负责涉及犹太人、马克思主义者、共济会、宗教组织等问题以外，还负责自由主义、和平主义、移民和世

1 Zofia Zamenhof（1889—1942），柴门霍夫的大女儿，儿科医生。

2 Lidja Zamenhof（1902—1942），柴门霍夫的小女儿，职业世界语者，巴哈教运动主要成员。

3 Ida Zamenhof（1879—1942），世界语者。

4 Franz Alfred Six（1906—1975），德国纳粹宣传家，将军，大学教授。

5 Werner Best（1903—1989），法学博士，德国驻丹麦占领区总督。1969年8月被控在大战期间从事大屠杀入狱，1972年因健康原因获释。

界语者等社会问题。负责世界语的头目是党卫军中尉霍斯特·坤泽[1]，他始终与曾热情的世界语者特奥多尔·科克和不来梅盖世太保保持联系。

奥地利被吞并以后，坤泽获得的情报不仅来源于世界语博物馆，还来自奥地利世界语协会，对他来说，“这些资料对犹太研究有最大的科学意义”。他描述：“因为世界语运动——这个国际组织，除了要消灭民族语的目的以外，还有被政治集团利用的事实，所有世界语运动的领袖不仅可以被认定为文化掘墓人，还是国际阴谋家。”

可以看出，这就是他研究的为纳粹主义政治服务的科学意义。科克坚持不懈开展他的课题研究工作，迎合了海因里希对犹太人活动的兴趣。1940 年 4 月 13 日，科克到保安总局自推。坤泽要求他编写一个“国际世界语运动思想工作汇报”并批准发布他们的有关世界语研究成果。三个月后保安总局就完成了 11 页的《世界语运动调查报告》。这个报告总结了保安总局对世界语理论上的态度，很明显报告基础资料来源于科克，在导论里就可以看到对世界语的描述：

> 在犹太复国运动中有一位华沙的眼科医生柴门霍夫。他按以赛亚先知的意图致力于建立世界犹太帝国的信仰——那就犹太人领导下和平的国家。所有的民族都要自愿归顺到犹太人的门下。这个目标的实现依赖于“和平”渗透和感化各族人民。
>
> 那就是失去控制的和平主义。
>
> 他创建的新信仰——“人类一员主义”就是犹太信仰和他

1 Horst Kunze（1909—2000），德国作家，图书馆馆员。

自己发明的国际语——统一颜色、统一气氛、统一读物的世界语，对各族人民来说，用统一理想、统一教育、统一价值、统一目标一步一步把各族人民引进到一个大牢笼里。

三个目标一起构成了世界语主义，不仅是宣传国际语，大约从1905年以后，也成为犹太宣传的辅助武器。

报告还用纳粹的观点分析了世界语在魏玛共和国的发展情况。

科克不久就被赋予新的工作任务。1940年7月底，受希克斯委托，科克来到维也纳世界语博物馆查阅资料。奥地利被吞并以后，世界语博物馆就被关闭。接着，奥地利图书馆和档案馆，甚至世界语者的个人资料都被纳粹征用。世界语博物馆的文件资料被装订成册，图书被打包封存留在了维也纳。两年后，帝国保安总局又改变了决定。他们认为博物馆这些资料非常重要，又把科克派到了维也纳。但他遇到了困难，拥有党卫军营长军衔的奥地利国家图书馆新馆长保罗·海格尔[1]博士不同意把这些资料寄往柏林，科克只好在博物馆内挑选了两个小时，科克无果回到柏林，1941年4月他报告说：

这座图书馆是世界唯一的，犹太集团借助图书馆内的世界语博物馆，为见证世界毁灭而建立了一座丰碑……可以认定这也是共济会的图书馆。

1 Paul Heigl（1887—1945），信息不详。

科克夸大了维也纳国际世界语博物馆的作用与地位，他提议把世界语博物馆资料运往柏林，他还提议，德国所有公共图书馆不得借阅世界语读物，而要把这些读物封存起来。科克的造访一方面是科研目的、另一方面是好奇心，但是帝国保安总局的头头们非常认真对待资料调研。战后的研究资料表明，希克斯的部门从占领国掠夺了很多图书馆资料。可以想象，为了掠夺维也纳国家图书馆资料，他们给图书馆馆长海格尔博士很大的压力，要把世界语博物馆从国家图书馆剥离出来，要把博物馆里“反对德国的资料”纳入“思想研究”范畴。两个月后，希克斯解释说：“由于海格尔阻挠和不配合，有必要采取特别保护措施，问题只能在战后解决”。

1918 年以后，世界语在德国才稳住脚跟。一些左翼团体和政党开始使用人造语——世界语。几乎所有世界语协会的领导权都掌握在犹太人和共济会会员手里。作为“世界大同”世界观的共产党人推动了世界语的发展，他们在文学作品里宣传马克思和共产主义理想，犹太人也使用这个世界观以实现他们掌控世界的目的。

为了摧灭世界语的希望之火，一些世界语组织被纳粹取缔，之后，纳粹开始对世界语组织仅作为爱好者团体做出让步，但 1940 年 6 月的报告却自相矛盾：

把世界语仅看作为国际辅助语是错误的，人造语——世界语是世界主义的一部分，是犹太人抗争的武器之一。

不仅在奥地利和波兰，就像我们将要看到的其他国家一样，即使世界语者力量微薄，他们也是德意志帝国反对力量之一。

1939 年 3 月，德国入侵捷克斯洛伐克以后，“波西米亚和摩拉维亚保护区”世界语运动没有马上被禁止，但是取代了捷克斯洛伐克共和国世界语协会地位的捷克世界语协会只能在捷克人中间开展活动。1940 年在收到了盖世太保的命令以后，11 月 3 日的捷克世界语协会宣布解散。布拉格世界语俱乐部转入地下活动到 1944 年。1944 年 9 月，海德里希成为占领区最高长官，很多世界语者在残酷的迫害中牺牲。

纳粹占领西方国家不久，帝国保安总局就发现《世界语信使》周报发表了德国进军欧洲的报道。纳粹荷兰占领军最初没有顾及到世界语运动，甚至允许使用世界语开展通讯活动，而帝国保安总局暗地里开展了清算工作，他们的档案里有很多荷兰世界语组织和世界语者的名录。早在 1940 年 6 月，帝国保安总局部门头目坤泽专程到荷兰调研，收集资料。他注意到荷兰世界语联盟[1]（FLE）并认定这个组织“绝对是德国的敌人”。1941 年 3 月 20 日，荷兰国内世界语组织全部被保安警察司令取缔。执行取缔任务的是荷兰占领军司令部头领维尔纳·施维尔[2]，他曾是一名宰马的职业屠夫，他野蛮成性。安德烈·崔说他是“疯狂的世界语敌人”。施维尔还威胁世界语者说：“德国和波兰的世界语运动已经被全部消灭，如果再为世界语请愿，就要被关进集中营。”1942 年 8 月，荷兰世界语组织的两箱图书资料作为犹太阴谋活动的研究资料被施维尔寄往柏林。

纳粹对世界语的打击行为蔓延到斯堪的纳维亚，西欧国家迫害力度

1 Federacio de Laboristaj Esperantistoj，成立于 1911 年，1945 年复会。

2 Werner Schwier，德国纳粹主义者。

比东欧国家大。世界语讲习班有时允许，有时禁止，只能暗地举办。1942 年，哥本哈根工人世界语俱乐部公开出版了《透过黑暗》一书，书中记载中国世界语者把世界语作为反对日本侵略的斗争工具，揭露了德国世界语者支持纳粹的“为了拯救世界语，宣誓要服务于纳粹”的“疯狂行为”。

1940 年 7 月 22 日，德国占领法国以后，相继控制了欧洲中西部大部分地区，很多国家在政治上开始依赖于德国。1941 年，巴尔干半岛在德国的控制之下，苏联受到攻击。

除了一些海湾岛屿以外，英国没有被占领，也遭受了德国炸弹打击，有不少的国家世界语者被应征入伍，很多城市都停止举办世界语班，一些学生出现在兵营和空军基地。

挪威世界语联盟顺利躲过了战争，会员有所增加。1945 年，挪威世界语联盟副主席阿尔芬·尹松[1]报告说，战争期间，联盟的工作没有受到德国或者说挪威纳粹主义的干扰，但挪威大部分世界语协会都解散了，或者由纳粹主义者担任了协会领导人。挪威世界语联盟主席罗尔夫·保尔森布格[2]和国际世联总代理人朗瓦尔德里安[3]成为了战俘。其他世界语者都在战场牺牲。有些外国劳工偶尔与德国、奥地利和荷兰世界语者联系。

---

1 Arnfinn Jensson（1914—1986），记者，二战期间挪威世界语协会副主席、秘书长。

2 Rolf Bugge Paulsen（1894—？），1907 年成为世界语者，1919 年当选挪威世界语协会主席，1923 年当选为考试委员会和语言委员会委员。

3 Ragnvald RIAN（1891—？），《挪威世界语词典》编者。

丹麦世界语者在被占领期间可以继续活动并出版《丹麦世界语》杂志，但他们在公开的场合要尽量保护自己。

在比利时，从1941年1月开始，弗兰德世界语协会未经批准出版了5期《弗兰德世界语者通讯》，盖世太保到协会搜查，协会活动被禁止。1941年12月，布尔戈地方世界语小组秘密油印出版月报《和平与正义》。

保加利亚政府没有禁止世界语，但是沙文主义者组织采取一些列手段阻碍了世界语者的活动。

最不利的形势是南斯拉夫，南斯拉夫有很多世界语者。国际世联领导的拉本纳1941年4月10日报道说，当德国军队进入萨格勒布，世界语讲习班的海报还挂在大街上。第二天，法西斯警察就搜查了世界语协会的办公室，没收了协会财产，逮捕了大部分会员。南斯拉夫世界语协会主席莫里斯·罗列特[1]被盖世太保审查过，世界语俱乐部150名会员中有52人被杀害或在战场上牺牲。

在被占领的法国，很多世界语者建议法国世界语协会巴黎办公室关闭到战争结束，但1940年7月，皮尔和让·纪尧姆[2]冒险开展了活动。从1940年开始，法国世界语者在巴黎每月定期发起聚会活动，直到1944年8月，最多人数达到40人。协会办公室每周开放两次，为战俘提供信息、转寄包裹。法国几乎到处都有秘密举办的世界语班，个别地方世界语班还获得了德国纳粹的批准，有的地方办班申请被拒绝。1941年7月，维希政府禁止国家公务员从事其他活动，法国世界语协会秘书和出纳必

1 Maurice Rollet de l’ Isle，信息不详。

2 Jean Guillaume，1954年进入国际世界语协会领导机构。

须退出世界语组织。

战争期间，法国殖民地摩洛哥加入了世界语运动，摩洛哥国际世联会员人数由1939年的3人发展到1945年的53人。在德国纳粹的干扰下，摩洛哥世界语运动长期处于休眠状态。1942年12月，美国解放摩洛哥以后形势才有所改变。1944年8月，摩洛哥世界语协会成立。

在非洲和亚洲一些国家，除了中国和日本以外，其他国家世界语者很少。中国一些没有被日本占领的地区偶尔可以看到世界语讲习班或者世界语者聚会的消息。

美国世界语运动也很艰难，美国政府不支持私人旅游，世界语教师要兼职服务于军队。1943年到1944年，没有按年举办世界语大会。

对世界语者来说，新西兰战争打断了国际世界语通信活动。只是在1943年底，检查机关才把世界语列为被允许的语言。

在澳大利亚，人们担心战争将把相对薄弱的世界语运动摧垮，世界语者注重于基础建设，成立了澳大利亚世界语协会，出版了世界语杂志，澳大利亚世界语者的数量有所增加。澳大利亚政府在1941年关停了所有的外语广播，也包括世界语广播，但地方世界语班和函授班坚持举办。1942年，澳大利亚世界语协会加入国际世界语协会成为其国家协会会员。

战争期间，奥地利世界语者经常在私人家里秘密集会。1944年6月底，盖世太保的人突然出现在维也纳国际世界语博物馆合作人古斯塔夫·韦伯[1]的家里，逮捕了所有参加集会的人，韦伯被发配到毛特豪森集中营，后来被押送到古辛采石场服劳役，被折磨致死。

1 Gustav Weber（？—1945），奥地利杰出世界语者，二战期间被纳粹杀害。

在德国纳粹的魔掌伸向邻国之前，世界语运动也停滞不前，以反对犹太人创造物为由的反对世界语的声音布满社会各个阶层。即使在世界语比较发达的国家，政府对世界语者都要慎重对待。比如波兰，1934 年 5 月，比得哥什中学的一名世界语教师在拒绝选择世界语课的学生中做了一个调查，要求写明反对的理由。学生们提交的调查资料显示，他们受到了反对犹太人思想的难以改变的影响：

> 因为它是犹太人的东西，我们必须反对……世界语用于反对宗教的宣传，世界语者都是最活跃的犹太人或者无神论者，必须摧毁世界语……。
>
> 我是伟大的反犹太人士，因此我讨厌世界语……。
>
> 对我来说，世界语就是犹太复国主义为进一步宣传共产主义、共济运动和一些没有用的东西……。

这个调查几年后，全世界世界语者都成为纳粹势力的打击对象，甚至一个反犹太复国主义国家自己也成为牺牲品。波兰政府，于 1937 年批准同意在华沙举办世界语诞生 50 周年庆典活动，因此遭到法西斯和右翼势力媒体猛烈的攻击，他们污蔑波兰政府批准召开了犹太人和共产党大会。一些媒体对一周的大会进行了无耻的攻击和诽谤，制造了紧张气氛，给大会参加人员带来了压力。

波兰一些世界语的反对者没能动摇波兰政府对世界语的支持态度，

但是世界语运动受到了影响。一些右翼和法西斯政府受到了影响，比以前更加密切关注世界语者，经常不分青红皂白，不分中立主义和工人运动，开始实施迫害行为。

1932年的葡萄牙，开始了萨拉查近40年的统治，他效仿德国法西斯打击世界语的行为。1936年10月，所有的世界语社团都被关闭。曾经普罗世界语运动力量强大并且影响了邻国西班牙的葡萄牙世界语运动被击垮。至少西班牙内战期间在葡萄牙推广世界语会遭到被捕的风险。形势好转以后，1948年8月11日，内务部颁布命令：禁止任何世界语活动和世界语出版物”，两个月以后，教育部颁布禁止世界语教学的命令；其中一个理由是：世界语对葡萄牙语的纯洁性带来不利影响。国际及卫国警察开始秘密搜查世界语者的住所、收缴世界语资料，1949年8月，冻结了葡萄牙世界语联盟[1]（PEL）的财产。警方宣布将查封来自国外、带有世界语贴花的信件。

葡萄牙世界语者只能变相宣传世界语，他们生产带有世界语字样的肥皂，6块1盒，包装盒有简单的世界语教程。1974年4月革命以后，世界语运动的形势才有决定性改变，葡萄牙世界语者如释重负向外国朋友宣告：“世界语在我们的国家不再是危险的语言。”

在西班牙，世界语所遭到的反对情况部分和葡萄牙类似，西班牙内战爆发前，世界语者或多或少被法西斯主义者视为敌对势力，和政府之间的矛盾冲突不是因为用世界语开展的阶级斗争，似乎是把世界语用于反对纳粹主义的行径。西班牙语作为国家的官方语言出现在《加泰罗尼

1 Portugala Esperanto-Ligo

亚世界语者》杂志里，与国际世界语运动的联络工作都是由这个杂志承担，而不是通过马德里西班牙世界语协会。米戈尔·普里·德里维拉[1]军国主义统治时期，加泰罗尼亚世界语者联合国经常被视为西班牙王国的反对势力。1928年，巴塞罗那军管期间，这个世界语者联合会曾被勒令停止使用加泰罗尼亚名称。联合会停止活动，加泰罗尼亚世界语者转入地下活动，等待形势好转。1930年，统治当局倒台以后，就再版了《加泰罗尼亚文选》，《文选》收录了50多位作家的为加泰罗尼亚语和人民而呐喊的世界语译作。

但是好景不长，更加恐怖的形势来临，受到打击的不仅是加泰罗尼亚世界语者，反对人民阵线的弗朗西斯科·佛朗哥[2]1936年7月军事政变成功以后，西班牙世界语运动走向低谷。很多世界语者卷入西班牙内战，瓦伦西亚工人世界语者小组出版的著名刊物《人民阵线》，这个刊物团结了西班牙国内外世界语者。另外，加泰罗尼亚政府的宣传无政府主义的《信息简报》和其他刊物开始使用世界语。

世界语者参加了西班牙反对法西斯的斗争，他们分别来自十多个国家，就像和平的战士遍布几个国际旅，国际旅还举办了世界语培训班。最著名的世界语者、国际旅战士就是来自的德国作家的路德维希·雷恩[3]，他

---

1 Primo de Rivera（1870—1930），西班牙将军和政治家，1923年9月至1930年1月西班牙首相。

2 Francisco Franco（1892—1875），西班牙内战期间推翻民主共和国的民族主义军队领袖，法西斯主义独裁者，西班牙长枪党党魁。

3 Ludwig Renn（1889—1979），曾用名：Arnold Friedrich Vieth von Golssenau，德国共产党员、革命作家，国际革命世界语作家协会发起人之一。

通过广播用世界语向战友们致以来自德国的问候。为了反对佛朗哥叛乱，世界语者组织一支国际纵队，由西班牙世界语协会主席、陆军上校朱丽叶曼加达·罗塞诺[1]将军率领，作为共和军参加了战斗。

西班牙一名世界语者致信《世界语信使》周报的编辑部，请不要再用世界语者给他写信，因为用世界语写信有“冒死的危险”。还有一些世界语者支持了佛朗哥叛乱。

佛朗哥取得政权以后，世界语在几年内都是被专制政府怀疑的对象。1947 年，西班牙世界语联合会复会，拉古纳（特内里费）大学拟举办世界语学习班，长枪党学生刊物攻击世界语，办班的计划落空。在 1951 年，沉默了 14 年以后，马德里才开始有个世界语培训班，从此以后，世界语活动步入正常发展阶段，1968 年，马德里承办了第 53 届国际世界语大会，佛朗哥担任了大会最高监护人。

墨索里尼主宰下的意大利支持中立世界语运动，国际语历经了极端民族主义者的统治。墨索里尼统治下初期的 15 年里，世界语运动保持了强大的力量，意大利世界语者得到了政府的支持，他们认为世界语是对外旅游宣传有效的工具。1935 年，政府支持召开了第 35 届国际世界语大会。

第一次世界大战后 25 年里没有一个国家冒险用世界语宣传战争观点，德国、苏联和英联邦国家都没有，只有中国周恩来、郭沫若领导下于 1939 年 6 月创办的《中国报导》世界语杂志，为抗日战争宣传做出了

1 Julio Mangada Rosenorn（1877—1946），1906 年成为世界语者，1916 年创办了“柴门霍夫联合会”，1923 年出版《西班牙世界语者》杂志。

贡献。1945 年以后，其他国际性世界语杂志上才有了对战争的报道。比如：法国人贝亚德[1]作为非军事人员被当作德国战俘被捕，一个德国世界语者大兵救了他。在《世界语信使》报上还有一位住在英国的波兰人，曾经的战俘向把他从集中营里释放出来的德国士兵表示感谢。欧洲也有一些个人发起的救助团体，比如：伦敦世界语俱乐部主席霍姆斯，他在1939 年帮助匈牙利籍犹太人亚历克斯[2]在英国就业。他在英国期间得知德国政府向匈牙利政府移交了维也纳救助会救助人员名单，他就在救助名单之列。国际世联和日内瓦国际世界语协会一起集资救助柴门霍夫一家。国际世联副主席马尔姆格伦实现了在中立国瑞典比伦敦和战争国之间的较为便捷的通信。从 1940 年 8 月他的《国际世联通讯》关注世界语者成为通讯的新闻，重点是一些特别的国家。在第一期《通讯》里他总是写到，除了战时的法国，他和欧洲所有的国家的世界语者有通信关系。第二年开始，《通讯》读者的数量明显减少。挪威人通常不再能和丹麦人通信，马尔姆格伦为他们建立的单独的通讯渠道。瑞典人于 1942 年下半年发现形势不利，一些信件被检查机关扣留。在德国军队占领法国后，与法国南部的通信关系只能持续到 1942 年 11 月。费利克斯在战后回忆说："南美的信件要在半年以上，在他们需要帮助时，世界语的信息需求总是太晚。"许多国家不能直接邮寄印刷品，都需要检查。早在战前汉斯就创办了世界语者互助会，互助会为各国世界语者提供帮助，特别是在德国和奥地利的犹太人。他与很多人开展通信活动，最大可能出国抢救遇难

1 A. J. Bayard，生卒不详，法国世界语者。

2 Alex lolnai，生卒不详，匈牙利犹太世界语者。

者的遗产。但他缺乏资金和知名人士的支持，只是力所能及提供帮助。他真正的可贵之处就是他掌握了大量困难的、流离失所世界语者的信息。

我们看到了一些幸存者的报道，世界语研究院领导成员，德国律师沃尔特李普曼就是其中的一位。李普曼在1941年在给费利克斯的信中说，他们是于1933年在科隆见了最后一面。在这期间，他遵纪守法，竟被捕4次，在集中营待了一个月。1939年7月，他的儿子来到英国，李普曼感谢费利克斯所提供的帮助。因战争爆发，他不得不流离失所，于1941年7月李普曼和妻子一起去了美国。李普曼感谢那些为他提供帮助和资助的同志们。他还提到了汉斯，也提到更多的国际世联的会员。李普曼的信最后被公开发表在《国际世界语》杂志上。

> 几十年里，我把我的全部精力和时间献给了我们的事业，从来没有想到任何回报，只是坚守心中的理想和信念，只有工作的愉悦。现在，在这个艰难困苦和危险的时期，不现实的理想主义突然变得现实起来。谁知道？也许这个离开的现实可以挽救我的家庭和我的生命。

第二次世界大战的战火也影响到其他国家的世界语运动，就像我们所看到的一样。国际世联、国际世界语协会组织为欧洲国家战争受害者提供了信件中转、食品和药物邮寄的服务。但是世界语者之间的互相帮助不如第一次世界大战期间有效。世界语者相互营救成功了几次，因为在严峻的形势下看护的士兵或者党卫军士兵偶然发现“讲同一语言的人”。南斯拉夫战俘约瑟·科兹洛夫察尔[1]在达豪集中营举办了世界语培训班，来自好几个国家的战俘参加了培训班。在格但斯克附近的施图特霍夫集中营，波兰战俘阿尔宾·马克斯基[2]凭记忆编写的《世界语课本》被传阅学习。1942年至1945年，汉堡犹太人费利克斯·爱泼斯坦[3]在特莱西恩施塔集中营秘密举行了五六次世界语者集会。匈牙利战俘埃列克·托奈[4]在贝尔根·贝尔森也向战俘教授世界语。在纳粹占领荷兰期间，两名女世界语者格辛娜[5]和阿里·奥布斯[6]冒险在家中隐藏一对犹太夫妇多年。同样，立陶宛安塔纳斯·波斯卡[7]在自己的寓所隐藏犹太同志阿奇瓦·哥萨特[8]10个月。在布达佩斯于1944年至1945年间，瑞士世界语者瓦尔德马·朗格莱[9]和他的妻子

1 Joze Kozlevcar（1900—1980），南斯拉夫世界语者，曾担任国际世界语协会执委。

2 Albin Makowski，波兰世界语者。

3 Feliks Epstein，生卒不详，犹太裔，德国世界语者。

4 Elek Tolnai（1893—？），1914年学习世界语，石油化工厂职员，匈牙利世界语协会会计。

5 Gesine，信息不详。

6 Ali Obbes，信息不详。

7 Antanas Poska（1903—1992），立陶宛旅行家、人类学家、世界语者。

8 Akiva Gersater，信息不详。

9 Valdemar Langlet（1872—1960），工程师、记者、编辑，1891年创办了世界上第二个世界语俱乐部——乌普萨拉世界语俱乐部，1906年创办了瑞士世界语协会并担任协会主席。

尼娜，以外交官身份为犹太人提供瑞士红十字会担保信，避免了更多的犹太人被屠杀。这样的例子举不胜举，这也证明了，世界语者战争期间使用了世界语，或者世界语带来了帮助。值得提出的是，世界语也完成了“暗语”的任务。

2. 国际世界语协会的重建

分久必合，合久必分，这是历史发展中不可避免的规律，战争期间的世界语运动“低谷”还是过去了，但仍然存在着势不两立的冷战局面。日内瓦的国际世界语协会保存了一定的实力，日内瓦国际世界语协会成为理想主义坚守的阵地。国际世联也不断发展，一些世界语者们对国际世联的工作也很满意，而且在国家协会的地位日益增强。汉斯担心国家协会操控了这个国际组织，因此，汉斯提出两个组织合并的想法。1945 年 9 月，汉斯在给国际世界语协会主席库斯坦纳尔[1]的信中说：“在这种形势下，国际世界语协会章程应该涉及人权和弱小国家的权利问题”。对于执委会，汉斯希望发挥代理人的作用，社会工作尽可能在日内瓦完成，合并后的新的国际组织仍然叫“国际世界语协会”。12 月他又向国际世联强调，实际上国际世界语协会比国际世联力量强大，他提到的国际世界语协会会员数与 1940 年持平，只是暂停了收费。会员人数在 1 400 人[2]左右。1945 年 7 月，费利克斯向国际世联主席巴斯蒂安汇报了汉斯重建国际世界语协会的愿望。8 月，汉斯向普里瓦报告说与费利克斯取得了联

1 Hans Hermann Kursteiner（1885—1968），瑞士商人，1908 年成为世界语者，1940—1947 年担任日内瓦国际世界语协会主席。

2 而实际数量是 1940 年只有 426 名，1946 年是 355 名，——作者注。

系。费利克斯也向巴斯蒂安汇报了普里瓦的态度。费利克斯深知国际世界语协会的名字对汉斯非常重要，因此汉斯和普里瓦找出旧赫尔辛基协定最有利的条款。另外汉斯并不想保留日内瓦办公室。费利克斯回复他说以他来看来赫尔辛基协定不是解决办法。他把普里瓦的想法转告巴斯蒂安时，表示自己不愿意妥协。如果必要，如果费用支出不大，可以继续使用国际世界语协会的名字和日内瓦办公室。

考虑到社会影响，领导们口头上希望合并。事实上他们怀疑国际世界语协会会带走大量会员，另外国际世界语协会还有外债。日内瓦世界语图书馆在国际上没有发挥作用，也只是作为办公场所而已。国际世界语协会经常是争论不休、绯闻不断，要更好地维护国际世联的名称。国际世界语协会可以成为国际世联内部的一个专业协会。国际世联可以保留，但办公室和编辑部必须留在英国。保留国际世联的名称一方面原因是目前的一些人对国际世界语协会不了解，另一方面改名也会发生一些费用。日内瓦方面表示同意上述意见，1946 年 11 月，库斯坦纳尔发布合并决定。

如果还继续保留瑞士办公室，1940 年，施泰特勒留给国际世界语协会 250 万法郎作为今后 10 年的费用开支。日内瓦国际世界语协会最终于 1947 年与国际世界语联盟签订了合并协议。国际世界语协会拥有两个总部，一个是伦敦是行政管理和领导中心，一个是日内瓦文献和服务中心。日内瓦总部是国际世界语协会名誉执委汉斯主管的图书馆和机关刊《世界语》编辑部。两个总部的资产分离，独立核算。明确规定房屋租金用利息收入列支。英国总部每年列支 1 000 法郎。

1947 年 4 月 28 日，两个组织顺利合并，这一天被正式确定为新国际世界语协会诞生纪念日。在战后的德国柏林 8 月的第一个国际世界语大会上，巴斯蒂安和库斯坦纳尔被推选为国际世界语协会名誉主席。从 1937 年就一直担任国际世界语协会副主席的马尔姆格伦当选为国际世界语协会主席。

3. 拉本纳反对法西斯

南斯拉夫人拉本纳是第一位，也是唯一一位来自社会主义国家，进入国际世界语协会领导机构的世界语者。他在大学时期学习了世界语，获得法学博士学位，曾从事法律工作。1942 年，他参加革命，次年参加了解放军。第二次世界大战结束后他在萨格勒布大学法学系担任国际政治法教授和教学督导。另外，他还担任了 1946 年巴黎和平大会南斯拉夫代表和阿尔巴尼亚代言人。

拉本纳在战前就成为反对法西斯前锋，是魅力十足、有口皆碑的演说家，曾作为南斯拉夫世界语联合会主席被推选为保加利亚《国际文化》杂志论坛栏目的编辑。拉本纳在《国际文化》上发表的第一篇文章就是 1946 年 12 月回击《国际世界语》杂志上刊登的国际世联领导人梅森的文章。

梅森曾写到："领导机构面对政治问题，没有会员赋予的义务。"意思就是说会员不要讨论政治问题，提醒会员要保持中立。拉本纳认为："领导机构要为国际语的发展和保卫世界语精神而斗争，面对纳粹法西斯破坏世界语组织的罪行不能保持中立。"梅森后来也发表文章辩称说，他在战争期间也穿上了军装。但是梅森认为，人权斗争不是国际世联的工作任务。

于是，拉本纳掀起了反对法西斯的斗争，向柏林国际世界语大会提交了修改会章的议案。这个反对法西斯及其侵略行径的提案足以引起了大会的关注。按照提案所述，各种利益集团之间的斗争导致了恐怖的世界大战的爆发，世界语应该是反对纳粹主义和一些渴望战争的法西斯思想作斗争的武器。大会代表呼吁世界语界坚持不断地、以饱满的热情，用不同的形式和方法向法西斯猛兽发起进攻。

这个提案在事前召开的巴尔干世界语大会上得到了认可并签名支持。南斯拉夫、保加利亚、罗马尼亚、波兰、捷克斯洛伐克、奥地利和巴勒斯坦等的代表都在议案上签了字。这个签字代表了上述国家世界语协会的 8 000 多名世界语者意愿。奥地利世界语杂志刊登了奥地利、柏林国际世界语大会代表团作为提案发起人签字的场面。

没有正式的讨论资料，就没有被列入执委会议程，因为当时只有提纲。愿望强烈的拉本纳在柏林宣读完他的提案以后，美国执委塞耶斯提出，民族主义和纳粹主义应该受到惩罚，但世界各地都要增强反对独裁统治的力量。国际世界语协会执委奥利芙认为这个提案有悖于国际世界语协会的中立原则。汉斯对这个提案持否定态度。

当伊斯布克建议投票表决时，拉本纳埋怨只有反对者发言唱票。这位《世界语》杂志的编辑说："场面非常激烈，由内到外，每人都等待着这个最重要的原则性决定"。汉斯指出，世界语运动必须在充分自由和民主的基础之上，他建议停止投票，而把投票权交给执委会。但提案的签名人坚持要投票，接着就开始了投票。40 人投了赞成票，占投票人的 20%，126 人投了反对票，占 63%。34 人弃权，占 17%。提案没有被通过，他们误认为世界语者的明智战胜了世界语运动的政治化倾向，其实反对法西斯的提案得到了一部分的支持，后来国际世界语协会的一位领导人承认：法西斯的进一步得逞，会毁掉我们的事业。

拉本纳修改会章的想法所涉及到政治问题，在整个世界语历史上不多见。林斯在书中称当时的世界语者是绝对天真的中立主义者，因此拉本纳的提案没有被通过。林斯剖析了当时的思想基础：国际世界语协会对“国际社会和政治”不是漠不关心，而面对世界语的反对者，不保持中立就意味着灭亡。国际世界语协会的宗旨只能在公平、和平共处的前提下实现。17 年以后，林斯在《危险的语言》一书中写得非常详细，要是通过了这个提案，实际上就把世界语运动推向了苏联。

1947 年底，汉斯信中说拉本纳还是坚持自己的信念，强调世界政治斗争不再是东西方之间的斗争，而是垂死的资本主义和社会进步之间的斗争。1948 年，拉本纳的文章最后一次出现在《国际文化》杂志上，他在文章中强调提案与现在分裂无关。他希望反对法西斯的力量都能更多地加入到国际世界语协会中来，使其成为真正进步的组织，这样才能促进世界语的发展。

1949 年夏，拉本纳的生活发生了根本性的变化，他和妻子离开了社会主义国家——南斯拉夫，先是来到了法国巴黎，两年后去了英国伦敦。

柏林国际世界语大会的提案引起了一些人的不满，德国北莱茵威斯特法伦州世界语协会主席保罗·哈布纳对拉本纳的政治倾向提出了质问。他在柏林国际世界语大会的提案仍然感到很自豪。作为避难者的拉本纳比在柏林能更好地捍卫自己的提案。1950 年 5 月，德国世界语协会告知拉本纳，由于种种原因很遗憾拉本纳不能进入德国。他确定要去意大利、法国、比利时和荷兰。拉本纳终生奉行马克思主义，这个可以在他 1952 年关于国际政治的作品中看到，普里瓦也曾关注过国际政治。

世界语历史事件经历跨越了两次世界大战，特别是经历了长期的冷战阶段，多年担任国际世界语协会主席多年职务的拉本纳打破了冷战，为国际世界语协会正在进行的国际化做出了贡献。

4. 世界语在亚洲

世界语在亚洲的发展，主要是中国和日本，还有朝鲜半岛，上述国家的世界语运动与左翼运动密不可分。

世界语传入中国以后，很多文化名人，如陈独秀、蔡元培、鲁迅、胡愈之、巴金等积极投身于世界语运动，中国的知识分子在接受世界语的同时，也接受了西方的革命思想，他们把世界语用于民族解放事业，把世界语用于抗战宣传。1931 年，胡愈之、胡绳、叶籁士、张企程、乐嘉煊、楼适夷发起成立中国左翼世界语联盟[1]，用世界语开展了民族救亡运动。

1938 年创办的《中国报导》被林斯认为是二战期间唯一使用世界语开展抗战的杂志。抗战期间的延安也一度成为中国世界语运动的摇篮。

20 世纪 30 年代后期，不少世界语者怀着报国之心和对理想的追求，纷纷地从海内外投奔延安，推广世界语、开办世界语班、举办世界语展览会，并在 1938 年 5 月成立了延安世界语协会。延安的世界语展览会和世界语协会也受到党组织的关心和支持，毛泽东主席为延安世界语展览题词："我还是那么一句话，如果以世界语为形势，而载之真正革命之道，载之真正国际主义之道，那么世界语是可以学的，是应该学的。"毛主

1 Ĉina Proleta Esperantista Unio 中国无产阶级世界语者联盟，即：中国普罗世界语者联盟。

席的这个题词，为中国世界语运动指明了方向。延安的抗日军政大学和鲁迅艺术学院都举办过世界语培训班。

1937 年，中国各界世界语者在汉口酝酿成立中国世界语联盟，但当局不予登记。秘密警察经常出现在世界语小组或者世界语讲习班，经常检查世界语者邮件、跟踪世界语者、打探世界语者住所、禁止世界语活动，逮捕世界语者。在广东，两位世界语者仅仅因为热爱世界语而被捕入狱、他们依然坚持在监狱向狱友秘密举办世界语学习班，甚至支持国民党的世界语者也被压制。人们请求国民党元老吴稚晖出面，因为他曾是世界语者，在巴黎《新世纪》周刊上热情宣传世界语。30 年过去以后，他的热情消沉，拒绝为世界语说话，并称："现在不是提世界语的时候！"[1]

中国世界语者在抗日统一战线上开始爱国主义行动，在"为中国的解放而使用世界语"的口号下，用世界语为中国抗战做了富有成果的宣传工作，出版了《中国怒吼》《东方之声》《东方信使》《中国报导》等世界语刊物，其中《中国报导》出版发行时间最长，发行到 63 个国家 850 个城市。抗战期间，中国世界语者们不忘推广世界语，还创办了重庆世界语函授学校，这个函授学校于 1944 年出版了冯文洛编写的《世界语中文大词典》，招收了 3 000 多名学员。值得一提的是，日本进步世界语者绿川英子参加了中国的抗日战争，她于 1937 年 4 月随中国丈夫刘仁来到中国，当年她就向日本世界语者以发出了公开信。在汉口国际广播电台她用日语和世界语开展抗战宣传，被日本报纸骂为"娇声卖国奴"，周恩来称她为真正的爱国者。战争结束之后，她离开了重庆，就去了她

1 见林斯的《危险的语言》一书。

丈夫的家乡，1947 年在佳木斯病逝，她的丈夫相继去世。1980 年，绿川英子被中共中央追认为国际主义战士。

抗日战争胜利以后，蒋介石又发动了全面内战，蒋介石政府把世界语看成是共产主义的产物加以禁止，共产党世界语者受到了国民党的迫害，重庆世界语函授学校领导人之一，革命烈士许寿真[1]就是其中之一，他从 1940 年开始翻译革命歌曲和诗歌，抗日战争结束以后，他以 Eltunko[2] 笔名与欧洲世界语者建立了广泛的联系，秘密出版揭露国民党反动派的《新闻工作者》杂志。他于 1948 年 12 月在成都被捕，他在监狱坚持传播世界语和革命思想，1949 年 12 月，英勇就义。

在 1934 年 4 月长崎召开的第 22 届日本世界语大会上，日本右翼势力提出“为国家集资购买飞机”的建议，以表示日本世界语者的爱国热情。日本大本教世界语宣传会提议用“Ninponlando”和“Ninpono”这两个词，来取代“Japanujo（日本国）”和“Japano（日本人）”一词。中立的日本世界语学会明智地把这个提案压了下来，博得了与会代表的热烈的掌声。但到了 1937 年底，全面抗日战争爆发以后，日本世界语学

1 许寿真（1914—1949），江苏无锡人，又名徐桑。1932 年学习世界语，1937 年后创刊《西安世界语者》杂志，1939 年参加世界语函授学社工作。1941 年到成都，曾任中学教员和报社编辑，因从事进步活动而被辞退。在此期间除举办世界语学习班外，还编辑出版世界语的《新闻记者》《中国音乐》《漫画新闻》等杂志，编辑过《中国抗战歌选》。1948 年从事反对国民党的斗争被逮捕，于 1949 年 12 月 6 日英勇就义。

2 许寿真是潼关人，Eltunko 是“来自潼关”之意。

会面临巨大的挑战，甚至是低谷，一些右翼会员开始攻击日本世界语学会的中立原则和对日本民族利益的否定。一些人还发起成立了“世界语者爱国同盟”，尽管这个机构出版了几本小册子，但还是以失败而告终。

太平洋战争期间，日本世界语学会的局面也很尴尬。1940 年 8 月，日本世界语学会退出了国际世界语联盟。日本世界语学会宣布服从日本帝国主义语言霸权。

1942 年，有人要求日本世界语学会的秘书长三宅史平辞职，以打消世界语取代日语作为东亚共同语的念头。遭受攻击的三宅没有辞职，事实上，对他来说在一定程度上还是执行千步的中立原则，日本世界语学会也有赖于这个中立的原则。但战争期间，日本世界语学会机关刊《东方评论》为“正义的战争”鼓吹，成为污点。柴门霍夫所期盼各国人民和平相处的理念与日本创造的称霸世界的帝国神话妄想混为一谈，这个“英雄爱国主义”的诗篇正在由“皇军”来广泛传扬。但是三宅坚守着自己的底线，支持了“勇敢的人”的意见，从 1942 年到战争结束，在这些“勇敢的人”的当中，就有 冈本好次[1]，他们直接对日本占领区语言政策提出反对意见：

要抵制日语海外渗透和全球化，亚洲各国谈判应该用世界语来完成。

日本世界语者所奉行的中立主义无疑在民族主义和军国主义面前显得无能为力，日本世界语学会也一样没有底气，曾经为战争做宣传报道的日本世界语学会机关刊《东方杂志》于 1944 年停刊。在日本帝国最后

1 Okamoto Joŝicugu（1900—1956），日本世界语学会总干事。

的挣扎时刻，1945 年 8 月，日本投降前不久，日本警局将“亲共世界语运动”登记在案。

1937 年，抗日战争爆发后，日本开始肃清朝鲜（韩国）的文化传统。1938 年，日本人也取消了所有主要学校的韩语教学。1940 年 8 月，两大韩语报纸《东亚日报》和《朝鲜日报》受到打击。1942 年 8 月，韩语研究会遭到打击，几乎所有的领导成员被捕。采取武力同化的结果是，在大街上必须说日语。说韩语的人就会被捕，受到惩罚。

韩国世界语者为争取语言平等而付出了牺牲，韩语受到毁灭性打击，韩国世界语运动开始消沉。1937 年 10 月，《韩国世界语者》创刊，仅出版了一期，杂志的创办人洪亨义[1]就被捕入狱。当时宣传世界语、学习世界语都是被禁止的。战争结束后，韩语恢复了地位，世界语运动开始恢复。韩国和日本世界语者开始正常交往，世界语发挥了有效的桥梁作用。

日本著名的民族学家梅棹忠夫[2]宣称，他在韩国做报告时，年龄大的韩国人都能听懂日语，可以想象，他们是被迫学习的日语，但在使用上还有一定的障碍。这位民族学家也很犹豫使用日语，他更喜欢用世界语做专业学术报告，然后再翻译成韩语。

1 Hong Henwi，信息不详。

2 Umesao Tadao（1920—2010），日本著名学者，世界语者，国际世界语协会荣誉监护委员会委员。

第五章　冷战时期的斗争崛起

1. 拉本纳的“三把火”

拉本纳离开南斯拉夫以后，为了得到稳定的工作和发挥世界语特长，他想到国际世界语协会工作，他的妻子在伦敦中央事务局工作以后，1951 年他以志愿者身份进入了国际世界语协会办公室。

1952 年 1 月 1 日，按照执委会决议，他在伦敦创办了世界语言问题文献研究中心[1]（CED）。1953 年，拉本纳的妻子卢芭·拉本纳[2]成为了国际世界语协会的正式工作人员，并担任文献研究中心秘书。同时，拉本纳成为国际世界语协会领导成员。

聘用专职秘书长

1953 年春天，拉本纳非常认真地考虑日内瓦问题。汉斯提出的建议是，让拉本纳前往日内瓦负责服务中心工作，这个服务中心就是新的文献研究中心，会员管理工作仍留在伦敦。国际世界语协会主席曼格林不

---

1 La Centro de Esploro kaj Dokumentado pri Mondaj Lingvaj Problemoj，是国际世界语协会下属的规划语研究和收藏机构。

2 Ljuba Knjaĵinskaja-Lapenna（1909—1985），波兰裔俄国世界语者，拉本纳的第二任妻子。

太信任汉斯。这位主席对拉本纳提出的伦敦问题特别关注。按照曼格林的意愿，拉本纳被推选为专职秘书长，代表协会，进行人事领导工作。

拉本纳的意见是，要通过正规渠道进行选举专职秘书长，要修改会章。

国际世界语协会搬离伦敦

因为国际世界语协会总部所在地哈罗盖特位于伦敦郊区，交通不便，国际世界语协会开始考虑搬迁问题，曼格林和拉本纳想要卖掉房产时，查尔斯、奥利芙都注意到英国世界语协会拥有该房产权利的事实。这套房产于 1936 年由丁斯拉基夫妇[1]捐赠而来。由于国际世界语协会不是在英国注册的社团，不拥有该房产。英国世界语协会同国际世界语协会达成一致意见：国际世界语协会拥有该房产的使用权，并向英国世界语协会支付 250 英镑补偿金。当时房价约在 1 000 ～ 1 500 英镑之间，但是，如果国际世界语协会解散或者搬离英国，房子将无条件交给英国世界语协会。这种情况下，执委会只能将房产挂在查尔斯和奥利芙的名下。国际世界语协会想通过抵押贷款购置新办公用房。拉本纳坚持自己的观点，如果有必要，拉本纳也不怕通过法律程序来解决这个问题。

查尔斯的女儿和妻子阿瑟·奥利芙[2]以及约翰·拉普利夫妇[3]留愿意留在哈罗盖特的国际世界语协会总部工作。拉普利自 1951 年起就在总部工作，

1 Dinslage，英国姓氏。

2 Arthur Oliver，信息不详。

3 John Rapley（1927—2007），英国世界语者，国际世界语协会英国时期的办公室主任。

1954年查尔斯年龄过大，拉普利成为了总部的负责人。这位伦敦当地人对国际世界语协会留在哈罗盖特表示满意。国际世界语协会总部的印刷品，由查尔斯和奥利芙的公司“世界语印刷所”负责印刷。此外，查尔斯还经营着他的私人出版社“世界语出版公司”。拉普利说，国际世界语协会与世界语印刷厂是互相依赖的关系。1955年9月，拉本纳想要查阅档案卷宗，拉普利从拉本纳手中接过这些卷宗并把他扔进了炉子里。拉普利说他不知道里面的内容，但是可以推测出里面带有对拉本纳攻击的言论。

汉斯也反对卖掉哈罗盖特的房子，得不到支持，拉本纳很烦恼，在1954年某次座谈会上，拉本纳宣称他将辞去国际世界语协会职务，去哈勒姆国际联盟工作：他不能同现任领导人共事，他想使国际世界语协会达到世界水平，但困难重重。拉本纳指责领导人在世界语教育方面无所事事。

为了使执委会发挥作用，需要推选新的领导人。1954年夏天哈勒姆会议召开，但是领导人没有更换。原领导人确定退下来，直到1955年还在位。但是，在房子的争议上达成了和解，国际世界语协会向英国世界语协会支付了250英镑补偿金，这样也满足了每个人的需求。奥利芙建议，由于他意识到自己缺乏法律知识，也担心走法律程序，协议对国际世界语协会也有利，它可以尽快地高价卖出房产，使与英国世界语协会的关系缓和。

接着就开始房屋的联系工作，在伦敦没能找到更便宜、更合适的房子，另外，由于拉本纳不想在伦敦购买别墅，他也不想依赖拉普利。

1955 年 10 月，弗马斯成为国际世界语协会办公室主任。1955 年 11 月，国际世界语协会总部搬到了荷兰鹿特丹，她从 1956 年开始坐镇国际世界语协会总部，还从世界语者中招聘了一些工作人员。此外，当时的荷兰工资稳定。在总部办公室租赁 7 年之后，国际世界语协会在 1962 年在鹿特丹购买了一处原孤儿院作为办公地点。

修改会章

关于英国房产的争议影响了国际世界语协会领导人和英国世界语协会的关系。修改会章的计划产生了更大的反响。在瑞士时期，办公室负责人同样有着办公室主任的头衔，用世界语表达就是秘书长。拉本纳想担任这个职务，但不是办公室主任，而是核心人物。当时设立带薪秘书长，有悖于会章。因为会章规定国际世界语协会职员不能担任执委和领导人。1954 年 8 月拉本纳提出了修改会章建议。

对拉本纳修改会章的建议，反对的是协会领导奥利芙、汉斯和凯姆本纳尔斯。在萨格勒布座谈会上，查尔斯和奥利芙再次提到经费问题。汉斯威胁曼格林说，如果 1954 年 8 月修改的会章通过，他将去日内瓦法院起诉。最终于 1954 年末，国家协会和非国家协会成员对会章意见进行表决，新的会章征集到 11 个国家协会和近 88% 相关成员的意见，有 7 个协会反对，71% 的以上的成员表示赞成，但是会章要求有超过 3/4 的赞成票，因此修改意见未通过。

持反对态度的国家协会受中心人物的影响：他们是法国的凯姆本纳尔斯，汉斯，英国的奥利芙以及北美康纳领导的北美世界语协会，奥地利也持反对态度。3个领导人都达到了目的。但是，他们于1955年初辞职，只有汉斯为波伦亚国际世界语大会而回来工作。曼格林和拉本纳对会章修改意见进行了进一步的研究，执委会也应该进行一些调整，例如，不能由领导人选举主席和职员，而是应该由执委会任命。27个执委会成员只有2个反对新的提议，其中有84%～95%的意见被接纳。

1955年，在波伦亚国际世界语大会上通过了很多重要的有关人事决议。确定汉斯辞职并授予名誉编辑的职务。主席曼格林，副主席肯尼迪和秘书长拉本纳负责联络外事和法律事务。《世界语》杂志非领导人成员编辑，包括雷托·罗塞蒂[1]。1956年起，奥尔德按照拉本纳意愿选拔的工作人员。吉安·卡尔·菲吉耶拉[2]被任命为大会常务秘书。新任办公室主任佛马斯和大会常务秘书菲吉耶拉获得了比以往较高的报酬。拉本纳是通过薪水来实现他的"三把火"的，作为秘书长，拉本纳需要他们合作共事，这些人工作中发挥了重要的作用。

一年后，1956年在哥本哈根国际世界语大会上，国际世界语协会改选，曼格林因病经常缺席会议而辞去主席职务，肯尼迪也辞去领导人职务，

1 Reto Rossetti（1909—1994），意大利著名世界语者，国际世界语协会主席。

2 Gian Carlo（1929—），意大利世界语者。

加拿大医生卡努托[1]当选为主席。

拉本纳是唯一一位于1955年之前就已成为领导机构成员的。后来，他成为伦敦学院经济学专业和东欧与苏维埃比较法教授，并于1972年成为佛罗里达国际关系学博士。

1 Giorgio CANUTO（1897—1960），意大利世界语者，医学博士，多伦多法医大学教授。国际世界语协会有以他的名字命名的基金会，旨在支持贫困国家世界语者加入国际世界语协会。

2. 向联合国请愿

第二次世界大战后，国际世界语协会为了推动世界语运动，从 1946 年开始，请求各国际组织和个人支持世界语的签名活动，拟在 1949 年发起关注世界语的世界运动。请求书被译成了 25 种语言并散发到各国。截止到 1949 年底，在这份请求书上签名的有 492 个国际和国家组织，共拥有 1 545 万会员，此外还有 76 个国家的 89.5 万个人签名。经过两年的整理，汇集成四大册，于 1950 年递交联合国。联合国副秘书长本杰明·阿·科亨将它转交给教科文组织处理。1953 年，教科文组织把该文件提交给各成员国。1954 年，教科文组织在乌拉圭蒙得维的亚召开大会，大会做出如下决议：注意到世界语在国际学术交流和使世界人民相互接近方面所取得的成果；承认这些成果是与教科文组织的宗旨和理想是一致的；注意到一些会员国已告知准备在自己的学校或高级教育机构设置或扩大世界语教学，并请求这些会员国将这一方面所取得的成果报告给总干事；委任总干事观察世界语在科学、教育和文化中的应用进展情况，以此目的就有关两个组织的事务同国际世界语协会进行合作。这是联合国教科文组织第一次正式承认世界语在教育、科学和文化上的价值。在这次大会上教科文组织还决定：宣布世界语的创始人柴门霍夫为“世界文化名人”。1959年，教科文组织又做出决定：号召各会员国开展柴门霍夫诞辰一百周年纪念活动。1977年，教科文组织总干事阿马杜·马赫达尔·穆包夫出席了在冰岛举行的第62届国际世界语大会，在大会上穆包夫发表了支持世界语的讲话。1985年10月，教科文组织在保加利亚索非亚开会，通过了“世界语百年大庆”的决议。决议说：

大会考虑到：本大会1954年在蒙得维的亚举行的会议上通过的决议，它记载了国际语世界语在国际学术交流和世界人民相互了解方面所取得的成绩，并承认这些成绩是与教科文组织的宗旨和理想相一致的。

请记住：世界语作为各不同国家人民和文化相互了解的工具不时地取得了显著进步，而正渗透到世界更多的地区和人类活动的更多方面。

承认：世界语为加强不同民族的人民之间的国际了解和交往提供着巨大的可能性。

注意到：世界语运动，特别是国际世界语协会对传播教科文组织活动的信息的重大贡献。

意识到：关于1987年人们将庆祝世界语诞生100周年的事实：

①祝贺世界语运动100周年；

②请求总干事继续关注世界语作为一种手段在改善不同民族和文化相互了解中的进展情况；

③约请会员国以合适的活动、声明、发行特种邮票等形式纪念世界语诞生百年，鼓励在本国学校和高级教育机构设 立语言问题和世界语的研究项目；

④建议国际非政府组织参与世界语百年大庆活动，并研究利用世界语作为手段在会员国中间传播各种信息的可能性 ，包括传播关于教科文组织活动的信息。

早在 1954 年教科文组织在乌拉圭蒙得维的亚会议上就正式把国际世界语协会列为教科文组织 B 级咨询关系单位，确定了国际世界语协会在联合国和教科文组织的正式地位。国际世界语协会和其它非政府组织同样享有下列“咨询安排”：

①有权不经特别邀请派观察员参加大会的每次会议；

②可以派专家参加技术会议；

③有权从教科文组织得到全部文件和非机密信息；

④可以向教科文组织寄送各种题目的书面意见书；

⑤有权向教科文组织咨询有关问题，也有权向别人提供有关问题的咨询。

根据这些规定，国际世界语协会有权提出对国际关系中的所有有关语言的问题，有权对这些语言问题提出自己的看法和建议。国际世界语协会定期向联合国和教科文组织写汇报，定期应邀参加他们的会议，每年联合国秘书长和教科文组织总干事向国际世界语大会发贺电。例如，1997 年，在澳大利亚阿德莱德举行的第 82 届国际世界语大会就收到了科菲·安南的贺信，他在贺信中说：“改善人们之间的相互沟通和理解，是我们共同的目标，在努力的过程中，我很高兴地看到联合国和世界语运动的多方面合作”。他对国际世界语协会所从事的工作给予赞扬和支持。教科文组织总干事每年在信件里都肯定了世界语在国际 相互了解和增进国际友谊方面的作用。

1955 年，教科文组织用新的分类取代旧的咨询关系。1997 年 6 月，教科文组织执委会决定接纳国际世界语协会为业务关系类别，这一决定是根据教科文组织总干事的报告作出的，这就意味着国际世界语协会同以前一样享有类似以前“咨询关系”的有关权利。1977 年，国际世界语协会被划分为同联合国有“特殊咨询关系的非政府组织”。这就意味着：国际世界语协会可以就专业问题（语言）向联合国提出“咨询意见”。国际世界语协会有权提交不超过 500 字的文件，以表达对专业问题的看法，而联合国秘书处则应把这份文件散发给各国代表团。联合国协会世界联合会对世界语也采取了积极的态度。联合国协会是一个正式的非政府组织，它的宗旨是弘扬联合国的理想。联合国各会员国几乎都成立了这个组织，它得到了各国政府的支持。早在 21 世纪 70 年代国际世界语协会前任主席汉弗莱·汤金教授就与联合国协会世界联合会领导集体取得了联系。1979 年，应国际世界语协会之邀，联合国协会世界联合会秘书长弗朗克·费戴勒先生出席了在瑞士卢塞恩举行的第 64 届国际世界语大会，并参加了一个讨论会。

1979 年 10 月，在西班牙巴塞罗那举行的第 27 次联合国世界联合会大会上就世界语问题作出如下决议：

①欢迎联合会主席和秘书长与国际世界语协会的磋商；

②承认国际世界语协会会员与联合国协会会员的共同的国际主义思

想是未来合作的基础；

③约请所有联合国协会与世界语协会合作，请求所在国教育部门和当局设立或扩大世界语教学。

这份被通过的建议书为国际世界语协会和各国世界语协会同联合国世界联合会及其成员国的合作奠定了基础。此外，世界语在其他一些国际组织中也获得了应有的重视，如有26个会员国的美洲国家组织与国际世界语协会建立了普遍合作关系。国际世界语协会与非洲统一组织、联合国儿童基金会、欧洲理事会、国际标准化组织也建立了咨询关系。进一步加强与联合国、教科文组织和其他国际组织的联系，争取它们对世界语工作的支持，进而在国际组织中把世界语作为工作语言，仍然是国际世界语协会和各国世界语者需要奋斗的重要目标之一，国际世界语协会正在向着这个目标继续努力。

2017年，教科文组织机关刊物《信使》开始采用世界语出版，世界语成为该刊物的第8种语言。

3. 康纳反对共产主义的失败

共产主义之花迅速在全世界绽放，特别是 1949 年中华人民共和国成立以后，美国开始反对共产主义。美国议员约瑟夫·麦卡锡[1]指控一些国家公务员、科学家和艺术家是社会主义的间谍。1954 年，电视台播放了麦卡锡提出的问题，招致骂声不断。

在这种背景下，特别是 1954 年到 1956 年间，北美世界语协会[2]（EANA）掀起了反对共产主义之风。东欧各国社会主义国家的世界语协会相继复苏引起了他们的不满，在北美世界语协会秘书长乔治·阿兰·康纳[3]的领导下，北美世界语协会开始攻击国际世界语协会，特别是攻击国际世界语协会协会领导人拉本纳，因为拉本纳来自社会主义国家，他支持了东欧社会主义国家世界语协会。国际世界语协会于 1956 年做出决议，取消康纳的个人会员资格和北美世界语协会的国家协会资格。

打字员和教师出身的康纳从 20 世纪 30 年代致力于北美世界语协会的创建。1945 年，康纳成为北美世界语协会秘书长，并担任了《北美世界语杂志》的编辑。

---

1 Joseph McCarty（1908—1957），美国政治家、律师。

2 La Esperanto-Asocio de Norda Ameriko

3 George Allan Connor（1895—1973），打字员、教师，美国职业世界语者。

这一时期，康纳与日内瓦国际世界语协会建立了联系，和普里瓦、安德烈·崔一起创建了推行“世界联邦主义”的国际联盟，并成为这个联盟的领导人之一。康纳的谴责并非政治原因，而是他试图建立的北美世界语王国。1948 年，一些加州人抱怨说他是一个独裁者。康纳想以世界语为生、并尽最大努力垄断北美世界语运动。他是北美世界语协会的秘书长、编辑和书刊服务部主任，因此他不喜欢有组织依靠的地方世界语小组、地区世界语刊物和加拿大福尔布鲁克的书刊服务部。康纳最后也成为国际世界语协会北美的总代理人，以获得代收会费的佣金。他也抵制《世界语信使》周报，因为这个报纸也在加拿大福尔布鲁克的书刊服务部发行。他和安德烈·崔的国际世界语学会竞争这份报纸的代理权。康纳不太喜欢国际世界语刊物，因为他担心这些刊物与他的《北美世界语杂志》有竞争。

康纳的行为遭到了其他人的反对，他以诽谤和威胁行为应对反对者。1948 年，在安德烈·崔清理康纳的欠账时，康纳向荷兰控告说安德烈·崔要挟他，指控这位罗马尼亚人与东欧社会主义国家开展贸易活动，并在社会主义国家发展全世界超民族协会会员。作为国际世界语协会的总代理人，康纳可以任人唯亲地任命地方代理人，而把一些真正的世界语者拒之门外，一段时间内，国际世界语协会在北美失去了一半的代理人。另外，康纳要求北美人通过他这个总代理人向国际世界语协会缴费，他要求国际世界语协会的北美会员兼任北美世界语协会的会员并同时缴纳两个组织的会费。康纳不愿意北美世界语协会会员中有不听话的人，因此就不收协会秘书的会费。因为协会秘书负责选举、会章委员会，他可以干扰会章定制和开除会员。

在世界上最强大的民主国家面前，在国际世界语协会国家会员里他建造了个人统治的独立王国，康纳的借口就是反对共产主义。

对大多数北美世界语协会会员来说，《北美世界语杂志》是与国际世界语界联系的最重要的窗口。特别是，后来从事于世界语广播“美国之声”的德国难民佐尔茨巴赫，多次谴责康纳，而又袒护了他。特奥·荣在1952年猜疑，康纳协助索尔巴切尔办理了美国移民手续，因此索尔巴切尔要感激他。特奥·荣断定，康纳有这个能力，但是他刚愎自用、含沙射影，美国好多世界语者都怕他。这个游离于法西斯和共产主义之间的《美国世界语杂志》华丽转身为爱国主义。如：1953年，这本杂志发表了美国总统艾森豪威尔的祝词，西方世界语杂志一般不刊登政治人物，除非这些政治人物支持世界语。

康纳对拉本纳的攻击成为国际世界语协会和北美世界语协会矛盾的焦点。早在1947年，《北美世界语杂志》就谴责拉本纳在柏林国际世界语大会上的政治倾向。一些国家都愿在国际世界语协会拥有地位，以扩大本国世界语运动的影响力，拉本纳更欢迎社会主义国家重返国际世界语协会。社会主义国家支持世界语运动，他们的行动纲领是用世界语为社会主义建设服务。

康纳以这个为借口开始攻击社会主义国家的其他世界语者，比如，他诬告世界旅行家蒂博尔·塞凯伊[1]是危险的共产主义者。在塞凯伊去智利旅行时，雅典的警长告诉他说，北美世界语协会举报他，说他在外国污

1 Tibor Sekelj（1912—1988），南斯拉夫世界语者、人类学家、探险家。

蔑智利。

1952 年，北美世界语者反对康纳行为的有效力量形成，拉本纳在柏林的支持者塞耶斯失去了对康纳的信任，于 1953 年成立了北美世界语协会整顿委员会，决定成立新的北美世界语联盟[1]（ELNA）。但这个新的协会只团结了一少部分人，因为大部分会员不想离开这个成立于 1910 年的老协会。国际世界语协会只有暂停接收新的北美世界语协会为国家协会，因为原则上，一个国家只能有一个协会加入国际世界语协会。国际世界语协会要遵守原则，不能破例。按照国际世界语协会的原则，开除康纳是北美世界语协会会员的事，但是塞耶斯抱怨康纳，不让会员自由讨论，因此就不可能有民主。于是 1955 年，国际世界语协会接受新的北美世界语协会为国家协会。像以前一样，康纳又开始诬告新的北美世界语协会，说这个协会是共产党或者是左翼组织。

由于康纳不断地攻击谩骂，国际世界语协会于 1956 年 1 月作出决议：开除北美世界语协会和康纳。在最后争取和平化解矛盾时，康纳以暗地威胁作出了答复，1956 年 3 月，他给国际世界语协会领导人肯尼迪写信说："政府对两个协会之间的矛盾感兴趣，康纳强调他不想说出原因。因为这样会给美联邦国家带来不利影响。在美国如果有共产党人担任领导职务的社会团体，都被认定为共产党组织。"国际世界语协会有 10 名执委来自社会主义国家，国际世界语协会就被美国列为"非友好组织"。康纳注意到国际世界语协会 45 名执委当中有 5 名南斯拉夫人和 2 名波兰人。

1956 年 8 月，哥本哈根国际世界语大会期间，讨论了开除康纳提案，

1 La Esperanto-Ligo por Norda Ameriko

一般开除会员由领导机构决定，但康纳是北美世界语协会推荐的执委，最好由执委会来决定。最后，执委会以22票赞成，8票反对，5人弃权，开除了康纳。

很多人对康纳的了解只考虑康纳反对共产主义的实质，而忽视他背后的经济目的。

4. 日本绿星旗事件

1965 年 7 月 31 日～ 8 月 7 日，第 50 届国际世界语大会在日本东京召开，来自世界各地的 1 710 人参加了大会。这次大会是 40 多年来国际世界语大会首次在欧洲以外的地方召开，也是首次在亚洲召开的国际世界语大会。

世界和平世界语者运动成立后成为社会主义国家的代言人，这个运动的最大力量在东欧，在西欧和日本都有它的支部。在东京国际世界语大会期间，他们召开了世界和平世界语者大会，会上发表了政治的决议。

早在 1959 年，世界和平世界语者运动就积极在国际世界语大会上做宣传和平运动。东京国际世界语大会以后，世界和平世界语者运动大会发出反对美国侵略越南、反对美国在日本建立军事基地的呼吁。为了争取国际社会的支持，世界和平世界语者运动日本支部在大会上征集大会代表在绿星旗上签名。很多热爱和平的世界语者纷纷签名，和平的呼声高涨，影响很大，引起了一些中立世界语者的不满。

当时参加大会有部分驻日大使，也有美国大使，怕引起争端，以免给世界语运动带来麻烦，很多中立的世界语者要求国际世界语协会出面干涉，因此国际世界语协会就没收了签名绿星旗。

很多代表对没收绿星旗表示抗议，西蒙·瑙莫维奇·波德卡米纳[1]不断给国际世界语协会主席拉本纳写信说离大会东道国不远的地方就是血腥的屠杀，苏联世界语者要求立即停止战争。大会主席霍姆斯责备波德卡米纳使用这样的词语亵渎了国际世界语协会的中立性，而国际世界语协会也痛恨战争，也想维护和平。世界和平世界语者运动日本支部对没收绿星旗事件所发表一系列的言论。日本支部总书记伊藤三郎说，在绿星旗上签字在亚洲是一件正常的事，伊藤就此事要求道歉。

1965 年，东京国际世界语大会的美国代表抗议谈论越南战争。世界和平世界语者运动日本支部也向国际世界语协会主席拉本纳写信说，大会没有规定不能在会上开展征集签名。最后，日本世界语学会出面向国际世界语协会要回绿星旗，国际世界语协会日本执委石黑彰彦说没收绿星旗有负于日本世界语者的民族感情。

最后拉本纳答应在下一届国际世界语大会上再解决绿星旗问题，最后不了了之。对东京大会绿星旗事件的争辩无果而终，世界和平世界语者在今后的国际世界语大会里照常开会，照常发布决议。10 年后即 1975 年国际世界语协会才把绿星旗还给日本。

1 Semjo Naumoviĉ Podkaminer（1901—1982），苏联世界语联盟中央委员会委员，青年部部长，世界语者世界和平运动副主席。

5. 比忠之进之死

比忠之进是世界和平世界语者运动日本支部的骨干成员、是反战的勇士，在东京国际世界语大会上签名的发起人之一。1967 年 11 月 11 日，因抗议美国入侵战争而自焚。

1967 年 10 月 8 日，日本首相佐藤荣作支持美国侵略越南，访问包括南越在内的东南亚、大洋洲各国，引起数万学生和市民的不满，他们赶到羽田机场加以阻止佐藤荣作出访越南，2 000 多名学生和警方发生激烈冲突，这次被称为“第一次羽田事件”；同年 11 月 12 日，日本国内反战情绪高涨，一致反对佐藤访问美国，3 000 多名学生和机动队发生冲突，是为“第二次羽田事件”。就在“第二次羽田事件”的前一天上午 10 点，比忠之进对妻子谎称去横滨参加世界语会议，要很晚回家。他来到首相官邸，看了一眼戒备森严的官邸后，又来到附近的山王神社。他包里抗议书上写道：“佐藤首相强行访问南越，并向全世界宣称支持轰炸北越。拯救南越人民的唯一办法是叫美国无条件停止……我对日本首相支持轰炸北越表示强烈的愤慨。我决定本日在首相官邸前自焚，向佐藤首相表示抗议！”

晚上，老人再一次来到官邸，在众议院记者会馆前停下脚步，拿出汽油从头顶浇向全身，然后拿出火柴，“嘭”的一声，老人的全身成了一个火球，然后就痛苦地倒下了。待到手提灭火器的警官和出租车司机们将火扑灭时，老人已经奄奄一息。次日下午，老人终于停止了呼吸。

老人的牺牲彰显了一名世界语者为和平事业献身大无畏精神。

在此之前的 1965 年，美国世界语者爱丽丝·赫茨[1]也曾为抗议美国入侵越南而自焚。

---

1 Alice Herz（1886-1965），信息不详。

6. 汉斯的贪污事件

在施泰特勒、普里瓦和汉斯执政的期间，国际世界语协会几乎是年年赤字。国际世界语协会要拿出1/3的收入来支付工资，1/3负担《世界语》杂志和《年鉴》的出版发行费用。

1934年，汉斯向国际世界语协会领导人汇报时承认，在世界语群体面前要报喜不报忧，事实上国际世界语协会财务出现了危机，主要是靠贺德勒遗产维持的，如果不能重建国际世界语协会新秩序，那么国际世界语协会就要关门。

斯德哥尔摩大会上产生的新领导机构对财务状况没有引起太多的关注，因为汉斯对新的领导机构掩盖了财务问题。理事会和世界语者们在瑞典大会惊奇地得知，1933年，国际世界语协会亏空20万法郎。1934年，还要亏空15万法郎。贺德勒遗产从17.5万法郎仅剩下3万法郎。另外只还有3万法郎的定期存款，还要用利息来支付终身会员的费用。斯德哥尔摩大会三周以后，办公室主任罗伯特向巴斯蒂安汇报工作，他检查了办公室汇款记录时发现了问题。1934年8月，在付完工资以后，国际世界语协会的账上几乎是空的。

罗伯特要查国际世界语协会的明细账时，女秘书在汉斯指使下，给已经交费的会员补开了收据，汉斯也拿走了罗伯特的档案资料，因此罗伯特解聘了这位女秘书。

新的领导人巴斯蒂安、安东尼、奥林格和罗伯特一起讨论了财务问题，汉斯因病不能到场配合财务检查，施泰特勒只得来参加，就此施泰特勒用德语给汉斯写了一封信，信中指出汉斯在工作期间弄虚作假，涂改发票，把施泰特勒和领导集体费用额由 3 万法郎改为 4.2 万法郎，另外：

非常遗憾我不能向你隐瞒了，你的账户暴露你的一切，我对你的印象坏透了，你修改了财务资料，银行账户最后的余额是 3 410 法郎。……不可原谅的是……你的个人账户如此混乱，我查看了几个单据，都有你的签字，都是虚假的借贷关系、科目摘要对我来说难以理解，将军和罗伯特将忠诚敬业、一查到底。

施泰特勒愿意用个人和汉斯女儿的钱替汉斯还上这笔款，但国际世界语协会领导人没有接受。

我对你和国际世界语协会是无地自容。……我非常遗憾面对大家，你在这个非常时期怎么那么虚伪和冷漠，几次在协会办公室讨论资产负债表草稿时，你要考虑大家要求详细的报告，至少你的个人素质和荣誉就像明镜一样一尘不染，而你却背道而驰造成了达姆莫特[1]小姐上周六一早就被解聘，我们都很遗憾。

如果汉斯至少整理一下档案资料，施泰特勒也许会在某种层面替这位前国际世界语协会老管家说说话。起初国际世界语协会新的领导集体想接受已经入档的会计报表，但是有了施泰特勒的个人财务捐赠领导集

1 Dammont，国际世界语协会工作人员，其他不详。

体就做出了让步。施泰特勒看到这位老将军做法甚至完全合理，面对施泰特勒的捐赠和国际世界语协会领导的这个决定罗伯特感到惊奇，他维护自己的做法也没有错。

1934 年 8 月，好像也是在收到施泰特勒的来信一周内，汉斯自杀未遂，后来住进了精神病院。施泰特勒继续与国际世界语协会领导人配合、整理国际世界语协会资产、清理应付账款。

汉斯除了患有精神疾病，心脏也不好，只能在家休养。他没有收入，施泰特勒还经常资助他。

1960 年，国际世界语协会首次聘用了职业审计师斯道姆[1]对国际世界语协会的收支进行了有史以来最严格的审计。斯道姆需要原始资料，以核验 1959 年年终决算中的错误。有关贺德勒资产，汉斯提供决算的数据是 7 000, 4 000, 2 050 和 490 法郎，总计为 15 540 法郎，实际数据是 13 540 法郎。后来发现汉斯又转移支付了一部分钱，在核对中发现他在不同账户隐藏了一些资金，并自己取走了大约 3 000 法郎。荷兰伏辛克从 1960 年开始担任国际世界语协会领导机构成员并负责财务工作，他是职业审计师。他报告的日内瓦财务状况大白于天下。汉斯私自侵占了国际世界语协会的财产，国际世界语协会合并以后，汉斯每年还要支付威尔逊宫办公室的支出，以存放贺德勒图书馆的资产，其实，当时日内瓦市政府是免费向国际世界语协会提供用房的。另外汉斯向美国世界语者的售书，收入未记账。

1 B. C. Storm，信息不详。

1934年，一名德国会员肖特[1]委托国际世界语协会存款3 000多法郎，以规避德国国家银行的政策。1959年，当肖特先生在要取回这批存款时，鹿特丹国际世界语协会总部及领导机构都不知道此事。汉斯吞吞吐吐，伏辛克发现这笔钱被汉斯转移到了“组织重建”账户里。

接着，查到汉斯最大的一笔错账，是涉及到1940年去世的国际世界语协会名誉主席施泰特勒的遗产捐赠问题。施泰特勒曾给汉斯留下遗嘱，说他也要像贺德勒一样把自己一部分遗产留给国际世界语协会，由于施泰特勒的疏忽，汉斯了解到，他也把遗产留给了瑞士世界语协会和波恩公益团体，没有给国际世界语协会。1946年12月，汉斯通过库斯坦纳尔向国际世联报告，施泰特勒留给国际世界语协会25万法郎的遗产，如果国际世界语协会日内瓦办公室还保留的话，将用于到1950年的费用支出。

1950年后的国际世界语协会主席马尔姆格伦对这事非常关注，汉斯在1951年写到：

由于工作人员的疏忽，施泰特勒留下了钱，但没有立即转给国际世界语协会，工作人员也没有告诉他。

另外，汉斯计划开会讨论这笔遗产的继承问题。甚至他还猜想，也许施泰特勒改变了初衷，不想把这笔钱留给国际世界语协会，而作为退休金留给他，因为汉斯到1956年就要退休。汉斯也不想让普里瓦在领导机构会议上提到此事。

1960年以后，当伏辛克调查此事时，发现了问题，汉斯被执委会开除，

1 Schott，德国姓氏。

他将面临的是法院起诉。汉斯开始向世界语媒体寄发材料，为自己洗脱罪名，以惯用的伎俩辱骂审计人员。同时，鉴于汉斯所做的贡献，伏辛克试图尽量谨慎和平解决此事，家丑不可外扬，公布出去有损国际世界语协会的形象。

国际世界语协会领导机构成员伏辛克算出亏空的数字为 3 万法郎，最后只让汉斯交出 2 万法郎。1967 年 10 月，汉斯就去世了，人们在清理他的遗产时发现，他的债务比财产多，结果国际世界语协会只得到了 3 578.4 法郎。

7. 社会主义国家世界语运动

苏联

国际世界语协会很早就试图与东欧世界语者建立联系，拉本纳与苏联学者、全世界超民族协会会员卢西恩·洛拉[1]以整个世界语运动的名义写了一封公开信，在1952年5月这封公开信里，世界语者们把自己置于“致斯大林语言学的一封信”之中。

1950年，苏联领导人突然转变，语言学家尼古拉·雅科夫耶维奇·马尔[2]的信件被刊登在《真理报》读者来信一栏里。读者非常惊奇，因为马尔是当时苏联语言学的权威。按照马尔的理论，语言是属于上层建筑的范畴，也必须建立在经济基础之上，这就是马克思理论。德国历史学家乔治·冯·劳德[3]预言将产生一种新的社会主义，超越民族语的语言就变成了

1 Lucien Laurat（1898—1973），原名：Otto Maschl，1928年改称 Lucien Revo（译为吕西安·梦想），奥地利经济学家、作家，全世界超民族协会主要成员，奥地利共产党创始人之一。

2 Nikolaj Jakovlevic Marr（1865—1934），格鲁吉亚历史学家、语言学家，雅弗学说创始人。

3 Georg von Raud，信息不详。

可能，这种语言将在共产主义取得全球胜利后出现。

苏联的世界语者对马尔的理论特别感兴趣。拉本纳在他的 1950 年出版的名著《修辞学》一书中认为，这位伟大的俄国语言学家的很多观点不能被接受，但他还是毫无保留地主动介绍了这位语言学家。

在《语言学来信》里，斯大林也断定，语言有赖于上层建筑和经济基础，而不是阶级问题，但是与人民息息相关。当几种语言相遇而不能相互交融的时候，就会有一种语言取得胜利，俄语就是胜利者。劳德评论说："《语言学来信》对苏联科学分支具有巨大的意义。"共产主义理想推动了苏联政党理论体系建设。

两年后，世界语者的来信提醒了斯大林，世界语尽管遭到了沙皇俄国、希特勒德国和其他敌对国家的反对，这个国际语已经生存了 65 年。

现在必须向几百万俄罗斯人教授俄语。按照苏联的理论，俄语是最进步、最文明的交流工具。当时，作为世界主义的国际语遭到打击时，世界语者的信件还源源不断。从这些信件中，可以看到斯大林对世界语持消极态度的真正原因。拉本纳没有参与通信，而是呼吁西方媒体。这些信只在英国的一个刊物和比利时的一个刊物上发表。普里瓦对斯大林语言观感到很遗憾，就直接给斯大林写了一封信。

1953 年 3 月 5 日，斯大林去世了。他的去世就是"大清洗"运动的终止。苏联世界语者有了希望，如：1955 年，在《世界语》杂志上可以看到苏联很多机构对世界语感兴趣，他们成立世界语组织，出版了世界语课本。1959 年开始，每年都有世界语夏令营。莫斯科也成立了世界语组织，工会都成立了很多世界语小组。

1962 年，语言学家博卡列夫[1]成为苏联世界语国际委员会主席，这个委员会属于苏联对外文化友好联盟。1965 年，成立了苏联青年世界语运动（SEJM）。

苏联没有摆脱“大俄沙文主义”的思维。斯大林团结了非俄罗斯民族，创造了苏联文化，把俄语列为了非俄罗斯人的第二母语。基于这种思维，哲学家卡姆玛丽[2]在 1964 年开始反对世界语。在苏联与各国交往中，对用世界语取代俄语的探讨被他称为“资产阶级法西斯主义”。

国际世界语协会《年鉴》1959 年首次有了苏联代理人名字，共来自 8 个城市的 13 人，分布在苏联主要城市莫斯科、列宁格勒、乌克兰敖德萨和亚美尼亚首都以及乌克兰和巴尔干周边国家。1961 年，会员人数成倍增长。《世界语》杂志也经常报道苏联世界语动态。

1957 年，苏联举办了莫斯科国际青年节，然后苏联的世界语运动开始复苏。

20 世纪 70 年代中期，人们对苏联世界语运动的印象是：世界语运动发展缓慢；可以达到东方国家水平；逐渐成为国际世界语协会活跃的国家协会；有一定数量的国际世界语协会会员；代理人可以介绍整个世界语运动状况；1979 年成立的苏联世界语协会加入了国际世界语协会。

---

1 Eŭgeno A. BOKAREV（1904—1971），哲学博士，语言学家，大学教授，辞书专家，苏联科学院语言研究所副所长、达吉斯坦语研究员，苏联世界语联盟中央委员会委员。

2 M.D.Kammari，信息不详。

1974 年，拉本纳辞职，1975 年，国际世界语协会 B 类委员会委员要重新选举，国际世界语协会总部开始收集选票，苏联人鲍瑞斯·科克[1]没有经过权威人士的推荐。他独自在东欧取得了成功，比如在捷克斯洛伐克有 55 名代理人，21 人参加投票，他获得了 15 票，苏联 22 张投票中得到了 10 票。1976 年，科克成为苏联的总代理人。1975 年初，他向国际世界语协会报告说，苏联世界语者想建立国家世界语协会，而这个名为苏联世界语者协会[2]（ASE）的组织于 1979 年建立起来，地方世界语小组的 101 名代表参加了成立大会。

接着国际世界语协会和苏联世界语者协会对加入国际世界语协会问题都感兴趣，到了 1984 年，国际世界语协会讨论了苏联世界语者协会加入国际世界语协会的问题，苏联世界语者协会主席穆罕默德·伊萨耶夫[3]已经做好了准备，执委会将在温哥华国际世界语大会上做出决定。国际世界语协会主席马尔滕斯向领导机构报告说，苏联世界语者协会领导集体来信谴责《世界语》杂志 4 月号的评论文章。没有一名代表参加温哥华国际世界语大会，加入国际世界语协会的问题搁浅。

4 月的《世界语》杂志发表了两篇对苏联政府有意见的短评，引起了苏联对外友好联盟的不满，他们要求苏联世界语者协会撤回入会申请。

1 Boris Kolker（1939—），苏联世界语者，语言学博士，世界语研究院院士，1993 年移居美国。

2 Asocio de Soveta Esperantisto，信息不详。

3 Magomet Isajev（1928—2011），伊朗语言学专家，大学教授。

弗拉迪米尔·萨摩达[1]说，有人赞扬反苏的书《西伯利亚 7 000 天》，这本是克罗地亚共产党人卡尔·施泰纳[2]描述他在苏联监狱经历的书。书中记载苏联秘密警察机构内卫军和其前身在 1936 年将施泰纳逮捕的克格勃，后来施泰纳便消失于斯大林苏联集中营。林斯的评论引用了施泰纳的话："社会主义不是罪，罪过是对社会主义理想信念的背叛。"早在 1968 年《世界语》杂志上就刊登过有关被迫害的文章。匈牙利世界语协会的贝拉证实，1945 年以后的匈牙利还有迫害行为，但是文章没有继续更严厉的评论。米歇尔·杜克高尼纳兹[3]在 1981 年《世界语》上批评了布兰克编辑、匈牙利世界语协会出版的《世界语运动社会政治倾向》一书，并不要再评论 20 世纪 30 年代苏联对世界语的迫害。《世界语》杂志编辑米洛耶维奇在 1979 年苏联世界语者协会成立之际写到，原苏联世界语联盟成立以后的 1937 年就是大屠杀。

就是因为有前苏联世界语联盟的案例，才能清楚地看到斯大林时期对苏联影响，语言学家伊萨耶夫强调，在苏联各民族语专业图书中，一致指责说第二次世界大战影响了世界语在苏联的发展。

自从斯大林迫害以后，世界语就成了公众瞩目的焦点，除了工会、青年团或者类似的机构，其余的世界语活动总是被怀疑的对象。苏联世界语者协会在其他联邦共和国的社团活动，主要是从巴尔干国家开始的。

---

1 Vladimir Samodaj（1935—），俄罗斯阿拉伯语专家，杰出世界语者，国际世界语协会荣誉会员。

2 Karlo Stajner（1902—1992），奥地利裔南斯拉夫共产党员。

3 Michel Ducgoninaz，法国世界语者。

爱沙尼亚人约翰内斯·保罗[1]于1988年2月在给《世界语》编辑菲蒂斯的信中说，苏联世界语者协会成立8年也无所事事。立陶宛分会副主席波维拉斯写信提到此事，伊萨耶夫就以“把他抓到监狱”威胁他，还要通知立陶宛分会把开除他。在苏联世界语者协会代表大会在莫斯科召开前，伊萨耶夫要求爱沙尼亚分会主席费迪南德·艾森[2]提前把既定的报告、讲话稿寄给他。爱沙尼亚分会在领导会议上决定，恢复自立的爱沙尼亚世界语协会，拉脱维亚世界语者也希望独立。

1989年2月，《世界语》杂志报道，苏联世界语联盟复会，《莫斯科新闻》阿拉伯语版的编辑萨摩达为最高首长。苏联世界语联盟的工作人员，几乎都是早期苏联青年世界语运动的积极分子。当年，爱沙尼亚、拉脱维亚、立陶宛脱离苏联加盟共和国形成一个国家，国际世界语协会也只能接收一个国家一个协会加入。在随后1989年的英国布莱顿国际世界语大会上，国际世界语协会执委会长时间讨论了苏联世界语联盟和立陶宛、拉特维亚加入国际世界语协会的问题，最后三个协会全部被批准加入。苏联世界语联盟是全票通过。

东德

苏联在东欧创建了“卫星国家”体系，这些国家也存在着特殊的问题，那就是民主德国苏占区，因为苏联作为二战的战胜国占据这些地区，

1 Johannes Paul，爱沙尼亚世界语者。

2 Ferdinand Eisen（1914—2000），爱沙尼亚世界语者。

苏联直接地向这些地区输入政治和文化。东德受苏联的影响，人民教育部清理了一些社团，人民艺术小组和人民教育协会都要加入文化联盟。1949 年 1 月的法规涉及到规划语组织。当年 8 月，德国民主共和国政府成立。12 月，纳粹受害人协会就世界语问题向新的内务部提出建议，部长答复：

民主的反对者们以国外出版世界语杂志和位于慕尼黑国际联盟为借口、借用世界语组织试图阻挠“我们的事业”。

1948 年，民主德国世界语协会修改会章时，在组织议题上又提到了 4 个占领区问题，但是没有一个地区世界语组织在苏占区。《东德青年世界语者》月刊于 1954 年 1 月开始出版。从 1954 年到 1961 年柏林墙的建立，德国青年世界语协会定期在柏林举办周末聚会，东德的一些城市的年轻人也经常参加。

1955 年，可以看到德国世界语杂志一般只报道铁帘的另一面，因为当时形势对世界语者来说是很危险的。在东德个人学习世界语是允许的，但是世界语组织还是被禁止的，世界语培训班只能在国家教育机构内举办。按照人民教育部的说法，俄语、英语、法语等世界性语言是比较重要的。世界语者寻求德国和平理事会的支持。在世界语者向德国社会主义统一党和内务部请愿后，社会主义统一党中央委员会允许在和平事务中开展世界语通信。

国际世界语协会也试图与东德世界语者取得联系，但东德世界语者不能向国际世界语协会交会费，因为没有外汇。《世界语信使》周报也很难进入东德。

几名东德世界语者仍担任国际世界语协会代理人。1947年，国际世界语协会《年鉴》里首次出现了东德英占区和美占区代理人的名字，1948年，《年鉴》出现了“德国”一栏。《年鉴》一般在城市名的后边都会写上省或地区，可以看到一些城市后边写上了萨克森，从1957年开始写上了“民主德国”，1971年，《年鉴》里首次出现了“民主德国”一栏。

1963年以前，《年鉴》的编辑维克托·萨德勒[1]分别在《年鉴》上介绍了东、西德国，这引起了《德国世界语杂志》编辑理查德·莱兹林[2]的不满，后来萨德勒致歉并争辩说不要谈论政治问题。萨德勒能分别找到东、西德代理人的地址。分开介绍是国际世界语协会总部工作人员威廉·施密德[3]建议的。有人祝贺，有人抗议，还有人谴责，所以将来还要写在一个德国的栏目里。沃纳·鲍曼[4]回忆说，《年鉴》的编辑在德国代理人后写上西柏林代理人时，德国世界语协会也不愿分开，好像在说自己的国家。不可完全排除国际世界语协会看到的东德方面的原因，例如：1983年国

1 Victor Sadler（1937—），英国世界语者。

2 Richard Renchlin（1928—2006），德国世界语协会秘书长、德国青年世界语协会主席。

3 Wilhelm Schmid（1927—2002），德国世界语者，1959年在国际世界语协会总部工作，与日本女世界语者结为伉俪后移居日本。

4 Werner Bormann（1931—2013），德国经济学家，曾任德国世界语协会主席，世界语研究院院长（1995—1998）。

际世界语协会与波兰世界语协会达成一致，在《年鉴》里的国际世界语大会一栏表里不要写但泽，而写格但斯克。但是国际世界语协会没有兑现诺言。

1965 年 3 月 19 日，德国世界语者成立了德国文化联盟内部的世界语中央组，1981 年，这个中央组成为文化联盟世界语协会（GDREA）。赫尔德·迪特里希[1]在《党与群众组织》一书中写道："这个文化联盟是二战后成立的，是在党领导下、为了团结党外知识分子一个跨地区的组织。从 1947 年开始，形势巨变，这个文化联盟变成了爱好者群众团体。"在各个阶层都按行业、按专业登记造册。东德的群众团体与其他党比，文化联盟只是力量较弱的团体。26 万多人的群众来自地方文化友人、以及在文化联盟内部组织起来的收藏家，某种意义上的知识分子只有 1/3。小资产阶级群众文化的上层组织是矛盾的。所有的机构都要追随大的政治环境，工作小组是非政治的洼地。

东德世界语杂志《世界语者》创刊号于 1965 年 7 ～ 8 月出版，以图文形式介绍了世界语中央组以执行国家方针路线为前提的工作任务和职能；刊登了世界和平运动的稿件和中央组对越南共产党的决议；报道了东京国际世界语大会。这本双语小刊物引起西德知识分子的关注，说这是一本向联邦德国渗透的政治宣传品。以后的几年，双语文章就没有了，这个杂志也就成了非中立的政治刊物。

按照民主德国世界语者的行动路线，要与社会主义国家的世界语者开展思想交流，促进与资本主义国家进步世界语者之间的合作。一方面

1 Gerd Dietrich，德国世界语者。

向外国宣传民主德国的历史转变，另一方面揭露联邦德国复辟阴谋。文化联盟的章程和任务以及上述方针路线是这个世界语中央组的工作基础。当年，奥拓·巴贝勒[1]也写到，世界语者是体现国家人道主义的政治战士，还要支持学习民族语。

民主德国坚持派世界语者参加国际世界语大会。

1946年，拉本纳发起向联合国请愿活动，以引起国家协会的关注，促使其支持世界语。国际世界语协会马格德堡代理人弗兰兹·迪斯切尔[2]负责收集签名，然后把签名寄给荷兰国际世界语协会总部。柏林世界语中央组就他抄送国际世界语协会的信做出回复，文化联盟的一个部长欧根·门格尔[3]说，文化联盟不同意向联合国请愿书里“语言混杂是开展和加强国际交流工作最大的障碍之一”的措辞，按照他的意思，可以纠正为：“东、西德国的矛盾和美国入侵越南不是语言分歧引起的，而是帝国主义的行径，”因此不能签署上述意见。

民主德国的官方世界语组织是世界语中央工作组（CLE），这是个被看做一个国家里与德国世界语协会抗衡的第二个世界语协会，但是这个世界语中央工作组不想加入国际世界语协会。他们的工作人员不愿意德国世界语协会会员成为国际组织的成员。

化学工程师迪特尔·东格特[4]，马格德堡地方世界语组织的领导人，是

1 Otto Babler，信息不详。

2 Franz Tischer，信息不详。

3 Eugen Menger，曾担任德国《世界语者》杂志责任编辑。

4 Dieter Dungert，德国世界语者。

国际世界语协会的个人会员和代理人，他是民主德国世界语协会核心领导人之一。迪特尔说，政府机构特别不愿国际世界语协会《年鉴》里出现东德的人名和地名。迪特尔自己向国际世界语协会交会费，比如向西方的朋友邮寄经典音乐唱片，其他东德世界语协会的会员可以收到西德寄来的会费。

斯托伊奇·帕沙库列夫[1]也反应了参加国际世界语协会的困难，这位保加利亚人与马克思城的锲姆尼兹[2]结了婚，并告知国际世界语协会更改通讯地址，他没有得到答复、也没有收到《年鉴》和会刊，他埋怨国际世界语协会总部的拉本纳，后来斯托伊奇才知道，他的信根本没有被寄到鹿特丹。斯托伊奇从国际世界语协会三名东德代理人那里得知，他们也经常收不到《年鉴》和会刊，偶尔在皮尔纳能收到，也只是万幸而已。尽管他们有权，但也没有人敢指责政府。

但这位保加利亚人以东柏林中央工作组的名义大声抱怨。他在信中满怀信心地介绍了自己的处境，并声称德国的情况要好于保加利亚，如果他想成为国际世界语协会的会员，就要移民或者出国谋生，他会选择东德。中央工作组的书记布兰克说，他这封信尖刻并带有敌意，因此强调，即使民主德国在国际关系中有困难，也是联邦德国捣的鬼。

1972 年以后，斯托伊奇再次把注意力转向文联，并想了解，是否有相关的法规禁止东德人参加国际世界语协会的问题，如果有，在哪里公布的，另外要求中央工作组给他寄相关的文件。他还寄去了《人权宣言》，

---

1 Ĥristo Paŝkulev，保加利亚世界语者。

2 Chemniz，德国世界语者。

让在德国《世界语者》杂志上发表。萨德勒通过斯托伊奇了解到民主德国国内的世界语现状，如萨克森皮尔纳市 81 岁的老人保罗·格洛克纳[1]说，1970 年，在马克思城召开过世界语大会。会议大厅是列宁的画像，既没有柴门霍夫的画像，也没有唱世界语希望歌。马克思城的一位世界语者说，斯托伊奇了解到，中央工作组邀请国际世界语协会参会，但遭到了西德人的反对和抵制。

民主德国有几个人私自参加了国际世界语协会，尽管当时东德法律允许参加国际非政府组织，但需要相关机构批准。因此与国际世界语协会的合作只能通过中央工作组和其授权的个人会员开展。参加国际世界语协会的问题是，位于资本主义国家的国际世界语协会收不到民主德国的会费，因东德的政治保护，国际世界语协会的资料也经常被扣押。但进步的世界语资料可以进入东德，但一些世界语者未通过中央工作组和其授权的国际世界语协会会员直接参加请愿活动，给国家机关带来了麻烦。

1975 年，中央工作组又提交了加入国际世界语协会的申请，再次被拒绝，而到了 1976 年，中央工作组修改章程，不再强调领导路线问题，而取而代之的世界语组织是德国文化联盟相对独立的一个单位。在国际世界语协会领导机构坚持东德要逐步符合东欧国家会员条件以后，再提交给执委会研究。

虽然加入以后，寄发国际世界语协会资料的邮政条件改善了，但还是没有卡努托基金资助的会员，其他个人会员人数也很少，大约只有 30 人，

1 Paul Glockner，信息不详。

而当时波兰、匈牙利、南斯拉夫及保加利亚会员都是100～200名。当年《年鉴》公布的代理人或专业代理人，最多也就是10人。

1975年，法律规定，个人参加国际世界语协会要经过相关的部委批准，还要追加外汇计划。民主德国世界语协会只能为少数的代理人支付会费，如果有缴费的办法，也不反对其他人成为代理人。1973年当两个德国都成为联合国会员国时，国际世界语协会领导人提醒审视两个德国的问题。另外，全世界青年世界语组织在1971年就建立了东德支部，中央世界语工作组面临双重压力。另外，国际世界语协会的国家协会不仅仅是中立，还要按照组织程序开展工作，而中央工作组只是民主德国文化联盟的一部分。虽然德国世界语协会说自己有2 500名会员，但与国际世界语协会签署的特别协议是按500人交费，1991年，民主德国世界语协会合并为德国世界语协会，会员增加了250人。

中国

在胡愈之的领导之下，世界语刊物《人民中国报道》于1950年创刊，1974年，改名为《中国报道》，1951年，中华全国世界语协会成立。据林斯说，《人民中国报道》在一段时间内成为唯一进入东欧国家的世界语杂志，在遭到捷克斯洛伐克和民主德国禁止以后，他们通过外交途径向中国政府施加压力，杂志被迫停刊，1957年，复刊。

教育部曾于1963年和1983年两次明确通告，将世界语列为第二外语的课目之一，世界语还在全国 12 个省份被认可作为职称外语的选项。

文革期间，中国有一些世界语者受到迫害，中国世界语运动的领导人胡愈之和陈原都被批斗，一些世界语者被捕入狱，其中有李劳荣、苏阿芒等。

在 20 世纪八九十年代，全国不少地级行政区甚至都有了自己的世界语组织，中国青年世界语协会、中国铁路世界语协会、中国医学世界语协会、中国集邮世界语协会和中国围棋世界语协会等专业世界语协会也纷纷成立。2000 年以后，除了医学世界语协会、铁路世界语协会，又成立教师协会和商贸组织，其他专业组织活动较少。

在国际世界语界比较有影响的是《中国报道》杂志，2000 年《中国报道》纸质版随着国家政策的调整而停刊，开通网络版，同时《中国网》增加了世界语版。另外中国还出版了很多图书和宣传小册子，包括世界语版的《毛泽东选集》（1 ～ 4 卷）。外文出版社世界语组还出版了一些系列画册和儿童读物。

日本栗继栖在《世界语》杂志上发表文章，经常报道中日世界语的关系。1973 年，中国世界语代表团一行 3 人，叶籁士、陈原和祝明义访问了日本，参加了日本世界语大会。此后日本世界语访华团多次访问中国。据说，文化大革命期间，北京的世界语聚会每周都有。世界语在中国主要靠自学，当时还没有正式的世界语班。

1979 年 2 月的《世界语》杂志上刊登了，武汉世界语者发表的声讨林彪、四人帮反革命集团罪恶滔天的文章，说很多世界语者受到迫害，书店里和全社会几乎看不到世界语图书。

在卢塞恩国际世界语大会上中国代表与世界和平世界语者运动的争论，中华全国世界语协会反对他们出版发行世界语版抵制中国的《莫斯科新闻》，要求在大会日报上公开道歉，国际世界语协会领导人提醒大会期间不能随意散发文件。世界和平世界语者运动的派泰什[1]提交了致歉信并同意刊发有关内容，中国代表和汤金不满意，因为他没有明确说出事件的原委，汤金提议专业座谈会组织人员将来要签发维护中立原则的声明。国际世界语协会领导机构会议上拒绝了中华全国世界语协会加入国际世界语协会的申请，因为中华全国世界语协会的章程不符合国际世界语协会的章程（特别是中立的原则），但是按照国际世界语协会在卢塞恩修订的新章程，可以接受中华全国世界语协会，第二年国际世界语协会执委会再讨论中华全国世界语协会入会问题。中华全国世界语协会承诺遵守国际世界语协会章程，也尊重国际世界语协会的中立原则。

1980 年，中华全国世界语协会被接纳为国际世界语协会的国家协会。1986 年，第 71 届国际世界语大会在北京召开，这次大会是中国版图上首次国际世界语大会。时隔 18 年后，即 2004 年中国又成功举办了第 89 届国际世界语大会。

1 Imre Pethes，匈牙利世界语者，1983—1986 担任国际世界语者协会 A 级委员会委员。

其他国家

其他地区与苏联的关系不太一样，因为这些国家比其民主德国要相对独立，二战结束后不久，在新的形势下，各国世界语运动开始复苏。东欧世界语者以巴尔干或者多瑙河以及北部国家像波兰等国家也开展了一些国际合作。第一次世界语大会于 1946 年 8 月在保加利亚阿塞诺夫格勒举行，大会谴责了一些国际世界语组织向法西斯以及反动派实行的中立立场。1948 年，在匈牙利召开了第三次也是最后一次世界语大会。

大约 1948 年初，东欧国家加入了苏维埃联盟，沉寂了十几年的苏联世界语运动也影响了这些国家。

罗马尼亚世界语运动开始走向低谷，当地世界语者报道，1947 年成立的罗马尼亚世界语协会被批准注册为法人社团，成为罗马尼亚世界语运动历史上的里程碑，但第二年，这个协会便销声匿迹了。罗马尼亚人民共和国世界语筹备委员会于 1957 年成立，但组织发展非常缓慢。1978 年成立的世界语和国语际语言学者组织于 1981 年成功进入罗马尼亚政治社会科学院，但直到齐奥塞斯库政权结束，这个组织也没有得到更多的支持。

国际世界语协会和国际世联原来在罗马尼亚的代表就不多，1939 年，国际世联的会员有 5 人，1945 年，一个也没有，以后的很长时间里只有一两名。60 多年来，会员人数由几人增加到 1989 年的 27 人，1970 年，曾有 35 人。1985 年，国际世界语协会执委会报道，领导机构成员马尔滕斯和科尔塞蒂主动通过罗马尼亚外国代表机构，了解罗马尼亚对世界语的态度。1989 年 4 月，国际世界语协会向联合国提交了对罗马尼亚的抗议备忘录，要求罗马尼亚取消对世界语出版物的禁令，允许开办世界语培训班。

形势较好的是保加利亚、波兰和匈牙利，这些在以后几十年里被称为东欧传统的世界语国家。从 1945 年开始这些国家出版物有曾提到的保加利亚《国际文化》。这个杂志期初在反对法西斯主义和民主建设方面有广泛的群众基础，深受包括西方在内各界人士的欢迎。首期扉页上还刊登过保加利亚共产党领导人格奥尔基·季米特洛夫、高尔基和一些党员的合影。

1956 年，召开了一届全国世界语大会，当年，保加利亚世界语协会加入了国际世界语协会。从 1957 年，为了对外宣传保加利亚的社会主义建设，国家资助的《当代保加利亚》开始出版发行。

保加利亚是东欧世界语运动发展比较稳定的国家，20 世纪 40 年代下半叶是辉煌时期，20 世纪 50 年代上半叶是冰点。在经过保加利亚世界语协会较长的沉睡以后，1955 年，在尤利·巴基领导下匈牙利世界语理事会成立，《匈牙利世界语者》杂志复刊，1960 年，成立了匈牙利世界语协会。

在 1961 年国际世界语大会上，当匈牙利世界语协会提出要加入国际世界语协会时，有人对匈牙利世界语协会会章表示不满，相关的文章和评判不断出现，看看下面的文字：

协会的宗旨是推广柴门霍夫创造的国际语—世界语，宣传和平共处的原则，向所有国家人民宣传建立在人民民主专政的匈牙利社会主义社会、经济和文化成就。

按照 1962 年国际世界语协会与匈牙利世界语协会签订的协议，匈牙利世界语协会的章程有悖于国际世界语协会的中立原则。法国执委佩蒂特再次询问匈牙利世界语协会的会员人数，在场的匈牙利代表说有 5 000 多人。因此匈牙利世界语协会有权推荐两名执委，起步是 1 000 名会员推荐一名执委。几个执委查看当年的《年鉴》，发现匈牙利世界语协会只有 600 名会员。一年后，会员增加到 2 000 人。

捷克斯洛伐克世界语协会恢复活动的时间比较长，归属也很顺利。1949 年，英国国际世界语大会的参加者不仅有保加利亚、匈牙利和罗马尼亚代表了，捷克斯洛伐克也有人参加了大会。捷克斯洛伐克世界语协会主席阿道夫·马利克[1]作为教育部正式代表参加了大会。

1950 年 12 月 31 日，捷克斯洛伐克世界语协会致函国际世界语协会，声明要脱离这个国际组织。信中强调说，捷克斯洛伐克世界语协会要加强本国和其他民主国家的世界语活动。协会主席马利克在协会机关刊发表文章，谴责国际世界语协会保守的中立原则，英国国际世界语大会扼杀了民主和言论自由，当今已经不是金钱和武力统治的时代。马利克所了解的国际世界语协会的中立行为，是外部势力给国际世界语协会在国际化方面带来的遗憾。后来，《世界语》杂志也进入了捷克斯洛伐克。

1969 年，捷克世界语协会正式成立，1970 年，加入了国际世界语协会，

1 Adolf Malik（1900—？），信息不详。

这些变化与“布拉格之春”的形势有关。

波兰与保加利亚不同，尽管1950年，波兰世界语广播停止了播音，30个地方世界语小组中，解散了28个，但波兰世界语协会还有自己的办公室，还能出版简报，波兰世界语协会还有专职秘书。

1953年南斯拉夫国际世界语大会

国际世界语大会已经在社会主义国家召开过好几届，特别是在20世纪世纪30年代。1951年，国际世界语协会在公开征集国际世界语大会举办城市时，首先提到的条件是，承办城市的必须保障大会的顺利召开，另外，举办城市还要有旅游资源，才能正式申办大会。承办城市最好是位于欧洲中心。最后还要考虑到言论自由、警力保障、简化签证和良好的生活环境。

不到1年，国际世界语协会就收到了南斯拉夫世界语联合会承办大会的申请。南斯拉夫世界语联合会主席伊沃·布洛维奇[1]和秘书长安迪·菲林斯科[2]在争得政府的同意后，申请1953年国际世界语大会在萨格勒布举办。他们提供的条件很客观，政府提供50万第纳尔的经费支持，另外，免费提供会议室，提供宾馆和车辆优惠服务。大会在南斯拉夫召开是国际世界语协会解决经费问题的契机。南斯拉夫世界语联合会还可以预付会费以支持大会的召开，对此，国外的大会参加人员可以直接把会费寄给英

1 Ivo Borovecki（1924—2013），信息不详。

2 Ante Ferensic（1926—？），信息不详。

国国际世界语协会，会后和南斯拉夫世界语联合会一起核算，这些经费可以弥补大会的亏空。

问题是南斯拉夫政府要保障所有国家的大会参加者都能得到签证，西班牙除外。因为西班牙和南斯拉夫没有外交关系。另外，在巴黎和慕尼黑国际世界语大会上，西班牙人也只有两三个人。巴黎国际世界语大会西班牙报名人数为 22 人，慕尼黑 8 人。负责国际世界语大会筹备工作的拉本纳向南斯拉夫朋友发来贺信，赞扬南斯拉夫机遇以及南斯拉夫朋友的睿智、细致的工作。阿姆斯特丹也申办了大会，即使他本人不能来南斯拉夫参加大会，他还是支持南斯拉夫。因为他来自南斯拉夫。因为铁托曾说不想和南斯拉这位“叛徒”坐在一起，南斯拉夫世界语者尽量不提这位国际世界语协会负责人。

无法解决的问题是东方国家世界语者想参加大会的问题，因为 1948 年因铁托和斯大林分手，莫斯科不承认南斯拉夫的社会主义国家地位，结果只有一名波兰世界语者参加了大会。

南斯拉夫政府起初对世界语也不支持。苏联领导人建议以俄语取代世界语学习。自铁托和斯大林分手以后，这个局面才有所改变。斯大林禁止世界语以后，南斯拉夫是东欧唯一加入国际世界语协会的社会主义国家。萨格勒布国际世界语大会意义非凡，《世界语》杂志比以往大会报道得都要多。可以想象，在国际世界语大会史册上，从来没有哪个国家、哪个城市对世界语大会这么热情。国际世界语大会常务秘书梅森也被感动了，他说，通过国际世界语大会，南斯拉夫可以向世界展示这个战胜野蛮落后、战胜经济萧条、战胜旧社会邪恶的年轻国家。有关世界语，他信心倍足地说，如果一个国家引进了世界语，其他国家也会随之而来。无论如何，本届国际世界语大会是决定性的，他呼吁更多的世界语者来参加萨格勒布国际世界语大会。

梅森对社会主义政权的描述与南斯拉夫世界语联合会主席布洛维奇心心相印，他强调说可以尽情地进入这个充满希望的国家。在第二次世界大战中，南斯拉夫人民的民族解放摧毁了资本主义制度。

南斯拉夫政府也致力于赢得世界语者的尊敬，克罗地亚总理弗拉迪米尔·巴卡里克[1]说，他中学时期就学过世界语。铁托说："我是在监狱里学习的世界语。"铁托还多次会见世界语者，表示对世界语运动的支持。

南斯拉夫领导人高屋建瓴，他们巧妙地利用国际世界语大会开展了对外宣传工作。1980年，铁托去世以后，《世界语》杂志刊登了长篇祭文称：我们因失去一名优秀的支持者而感到孤独。

南斯拉夫架起了东西方交流的桥梁，大会报告高度赞扬了南斯拉夫。在大会开幕式上，市长用世界语致辞，大会最高监护人克罗地亚总理也用世界语致辞，他说："最好的革命战士就是世界语者，因为南斯拉夫世界语运动有赖于我国的进步事业"。最后，在《世界语》杂志大会专刊上，铁托表达了他的观念：他因反对世界主义而得罪了苏联，以至于南斯拉夫与苏联分道扬镳。

1 Vladimir Bakaric（1912—1983），信息不详。

世界语诞生 100 周年庆典

国际世界语协会领导机构很早就开始考虑 1987 年国际世界语大会问题，因为当年是世界语诞生 100 周年，一定要在华沙召开。1980 年，领导机构拒绝了巴黎举办 1987 年国际世界语大会的申请。1983 年 12 月，在国际世界语协会和波兰世界语协会的协议里，可以看出波兰世界语协会的困难，波兰世界语协会作为国际世界语协会国家会员缴费还是有些问题，因此就影响到国际世界语协会 A 类委员会波兰委员去布达佩斯参加国际世界语大会执委会的事宜。

但是到了 1985 年，波兰世界语协会主席杰吉[1]和他的副手参加了国际世界语协会领导机构会议，会议一致决定 1987 年世界语百年庆典大会在华沙举行。当年夏天，在奥格斯堡国际世界语大会上，领导机构同意了大会组织委员会委员名单。

在 1985 年到 1988 年之间，国际世界语协会没有大会常务秘书，一般都是总干事米洛耶维奇代表国际世界语协会筹备大会。1981 年，波兰国家元首沃依切赫·雅鲁泽尔斯基[2]将军宣布进入了战争状态（针对团结工会）。在这种紧张的气氛中，1985 年 10 月 17 日，波兰当局解除了波兰世界语协会理事会和领导人员的职务并任命了新的常务理事会。接着波兰国际世界语大会国家委员会委员集体辞去了委员职务，国际世界语协会于 1985 年底接到这个报告。国际世界语协会领导机构和波兰世界语协

---

1 Jerzy Leyk，波兰世界语者，世界语共同体的提出者之一。

2 Wojciech Jaruzelski（1923—2014），波兰政治家，波兰首任总统。

会新任主席协商新的国家委员会委员名单。1986 年 11 月，波兰世界语协会理事会选举出以波兰电视台记者罗曼·多布任斯基[1]为首的领导机构。

沃尔特·泽拉兹尼[2]在拉本纳主编的《地平线》杂志上就波兰问题发表自己的观点，沃尔特·泽拉兹尼曾是波兰世界语协会元老，是 1984 年波兰世界语协会领导人之一。他说波兰世界语协会原领导机构是多元的，允许波兰世界语协会会员参加国际世界语协会、全世界超民族协会、中立世界语运动、世界和平世界语者运动或者其他宗教团体，这些当然引起了 1984 年落选的安德烈·格热波夫斯基[3]及他其他世界语者的不满，他们秘密发动了“政变”，诬陷波兰世界语协会，说波兰世界语协会接受了资本主义多元思想。拉本纳和沃尔特都希望世界语百年庆典大会不要在华沙举办，沃尔特在 1983 年就写信反对波兰承办大会，因为当时的政治环境对世界语者不利。更具体的就是，他反对国际世界语协会与安德烈的旅行社—世界语之旅合作，与这个社会主义国家青年机构合作，有悖于国际世界语协会的中立原则。

全世界超民族协会也在考虑世界语百年大庆在哪里举办，当时的主席班尼尔也给波兰世界语协会主席写了信，决定 1959 年不与国际世界语协会联合举办柴门霍夫诞辰 100 周年庆典活动，因为要突出兰提诞辰 80 周年纪念活动，国际世界语协会一些会员对此不满。联合在华沙举办活

1 Roman Dobrzynski（1937—），波兰世界语者，记者，国际世界语协会荣誉会员。

2 Warter Zelazny（1950—），波兰社会学家，文化学者，种族学家。

3 Andrzej Grzebowski（1942—2016），波兰世界语旅行社创办人。

动的超民族协会人士只是极少的一部分，另外很多会员不喜欢在对超民族人士有歧义的国家参会。

起初，全世界超民族协会计划在华沙举办自己的大会，当时 1983 年原波兰世界语协会领导机构曾申办过，但是新的领导机构 1986 年 2 月通报说他们不支持超民族大会在华沙召开。全世界超民族协会秘书长兼办公室主任克里斯米尔·巴尔科维奇[1]向国际世界语协会和其他国际组织发出了公开信，他以执委会的名义呼吁世界语者抗议波兰世界语协会。波兰拒绝的原因是《超民族主义者》杂志上发表了一篇支持团结工会的文章。看到公开信以后，波兰世界语协会立刻做出了回应说，全世界超民族协会是反对社会主义、反对波兰人民。

国际世界语协会只是偶尔报道了波兰事件，在 1986 年 5 ～ 6 月份的《世界语》杂志里发布了将在华沙举办"世界语诞生 100 周年庆典大会"决定，这个决定不是支持波兰世界语协会新的领导机构，也不是支持波兰政党，而是支持波兰世界语者。波兰世界语协会领导机构的"武装政变"不是政局原因，而是人们在其他世界语杂志上所提到的原因。较真实的原因是波兰世界语协会数十年的危机，目前只是简单地梳理一下而已。

波兰世界语协会主席罗曼在 1987 年 3 月接受采访时，谈到了波兰世界语运动的危机，这个危机既不是外部的政治压力，也不是内部上万名会员或者 30 名专职世界语者的内讧，而是一些人之间的斗争，个人的原因远远大于政局原因，但两者都带有政治色彩。危机也是世界语给个人事业带来的机遇，新的会章是完全民主的。

1 Kresimir Barkovic（1944—），信息不详。

1987年8月，全世界超民族协会大会在首届国际世界语大会的举办地—布洛涅举行。国际世界语协会也按计划在华沙举办了国际世界语大会，6 000多名代表参加了大会，大会规模是历年国际世界语大会最大的，在国际上产生了很大影响。

《世界语》杂志的大会报道里也报道了大会所碰到的困难，比如和奥比斯旅行社的合作问题，总的来说华沙大会还是成功的，也反映出一些困难和矛盾，但也只是一种现象，最终这些现象就是一部鲜活的历史。

8. 巴西问题

关于巴西世界语者联盟加入国际世界语协会的问题，一直争论了好几年，在1973年贝尔格莱德国际世界语大会上，领导机构要做出结论。1979年，西拉·查沃斯[1]在《世界语》杂志发表文章，分析巴西形势。历史上，巴西世界语者联盟成立于1907年，后来的名字有点变化，被缩写为BEL。1951年前后，又成立了巴西世界语者文化合作社（KKE），巴西世界语者联盟主要在高校里活动，文化合作社主要在民间活动。1964年革命以后，军人接管政权，巴西的政权分立，巴西世界语者联盟比较正规和右倾，文化合作社是左派组织，倾向于全世界超民族协会。显然，年轻人喜欢这个文化合作社。

1973年，鲍曼关于领导机构接受国家世界语协会的规定出台，向领导机构报告了巴西存在的问题。文化合作社想作为国家协会加入国际世界语协会，而巴西世界语者联盟坚决反对，国际世界语协会与两个组织保持联系的负责人难以定论，因此领导机构也不能把加入问题提交给执委会表决。

在讨论中，人们发现，这两个组织互相指责、互不服气，在文化合

1 Sylla Chaves（1929—2009），巴西世界语者，作家，联合国工作人员，国际世界语协会荣誉会员，世界语研究院院士。

作社向联盟提出合作意向时，巴西世界语者联盟拒绝合作，与其他国家世界语协会章程相比，文化合作社在经济方面比较独立。而鲍曼在审查文化社章程时发现也比较中立，如果拒绝文化合作社加入国际世界语协会，必然引起其合作社内的国际世界语协会会员离开国际世界语协会，影响他们对世界语的热情。另一方面，如果接收这个文化合作社加入国际世界语协会，就要和巴西世界语者联盟说再见。

讨论的结果是以 28 票赞成，9 票弃权，执委会决定，接收巴西世界语者文化合作社作为第二个巴西国家世界语组织，加入国际世界语协会，接着巴西世界语者联盟就离开了国际世界语协会，1978 年，才又重回国际世界语协会。目前这个国家的两个世界语组织既往不咎、和谐相处，拉近了巴西世界语者的感情。事实上，在短暂的磨合以后，从 1983 年到 1986 年，巴西的世界语运动没有分裂。

接收巴西第二世界语组织加入国际世界语协会是发展中的里程碑，但对这个里程碑也感到遗憾，这个错误的做法带来了不利的把柄，甚至其他协会都在间接地谴责。

9. 国际世界语协会与国际组织的关系

教科文组织

1946 年，国际世界语协会向全世界发出呼吁，要求联合国及各国政府重视世界语在各国人民之间的作用，要求积极支持世界语，并发起了签名活动。1954 年，教科文组织在乌拉圭蒙得维的亚召开大会，大会做出决议把国际世界语协会列为 B 级咨询组织，承认世界语的价值并认定柴门霍夫为世界文化名人。

联合国教科文组织是联合国有关教育、科学和文化的咨询组织，是重要的组织之一。从 1974 年开始，参加联合国大部分第三世界国家要求，建立世界经济新秩序：发达国家要向经济欠发达国家开放商品市场，带动其发展；联合国要发挥更大的作用；特别是美国和西方国家持不同的意见。1984 年，美国决定脱离教科文组织。2003 年，又重新加入，2017 年 10 月 12 日，美国再次脱离教科文组织。教科文组织大部分成员国来自第三世界，在内罗毕教科文组织大会上，大部分会员国坚持世界通讯资源平均分配。在他们看来不平等，因为工业国家几乎垄断了世界通讯市场，因此内罗毕会议的大部分代表要求建立世界通讯新秩序。辩论涉及到出版和言论自由，同样也谈到了经济实力。

这次相对中立的矛盾描述以后，汤金补充道：“因为世界语者语言平等的观点和世界经济新秩序的观点一致，辩论终止对世界语者不利。国际世界语协会在政治上保持中立是必须的、也是自愿的，但是不能孤立。如果苛求势力分配，就不可避免卷入国际争端，那就扬帆起航靠近政党和政治派系的岛礁”。另外汤金对新的形势弱化了教科文组织总干事阿马杜·马赫塔尔·姆博[1]的地位也表示遗憾，这位待遇不公的政治家，1974年到1987年教科文组织的首脑总是表现出对世界语运动的支持，他还作为贵宾出席参加了1977年雷克雅未克国际世界语大会。

第三世界坚持不断的活动，也采取了其他方式，比较突出的是拉尔夫·哈利[2]于1984年当年在《世界语》杂志上发表的文章。一位澳大利亚世界语者、外交官兼奥驻联合国大使，他说，联合国讨论的不仅是财富和势力的分配，也不是建立世界经济新秩序的重复。但是美国政府相信，这个新秩序要反对国家新闻管理导向，也担心以保护新闻工作者为由控制他们。只要有一个政府相信教科文组织过于政治化，用他们提供的经费不去评判其他国家，而去扫盲。美国政府还认为，按照哈利的说法，美国人支付了教科文组织1/4的经费，大部分经费用于支付高级官员的酬金，所以他们要抱怨。

---

1 Amadou Mahtar M’ bow（1921—），塞内加尔教育部长，国民议会议员，1974年出任联合国教科文组织总干事，1980年再次当选。

2 Ralph Harry（1917—2002），澳大利亚法律专家，世界语者，外交官，联合国宪章和人权宣言起草人之一。

1985年12月，国际世界语协会总干事米洛耶维奇代表国际世界语协会参加了教科文组织的辩论。联合国这个特别的组织从1954年在蒙特利亚做出过两次有关世界语的决议，米洛耶维奇断定："如果美国1年前脱离教科文组织，英国也会跟随而去，教科文组织经费收入就没有保障，但对提高教科文组织的地位有利。"教科文组织是国际语真正的朋友。2017年5月，中国支持教科文组织的会刊《信使》的出版，这个杂志使用联合国6种工作语言，美国退出教科文组织后，世界语版《信使》正式出版。

联合国官员、世界语者埃斯基尔·斯瓦内[1]在给读者的一封信里谴责了这位总干事，说他用不应说的话亵渎了国际世界语协会章程，教科文组织的发展不仅抵制美国、英国，而且也抵制他自己的国家丹麦。挪威人汉斯·阿马德·罗斯巴赫[2]对1986年在同一期《世界语》杂志上发表的教科文组织有关"世界语百年大庆决议"表示高兴，同时谴责了米洛耶维奇、这位国际世界语协会的门面和总干事的非中立观点，半数以上的人认为，国际世界语协会支持东欧国家政治体系。"跟随"一词好像说英国不能做主。第三封信是生活在英国的伊拉克人侯赛因默罕默德吕埃米尔[3]写的，他支持米洛耶维奇。

1999年，联合国秘书长安南向第84届国际世界语大会发来了贺信。

1 Eskil Svane，丹麦外交官。

2 Hans Amud Rosbach（1924—1994），挪威世界语协会秘书长。

3 Hussain Mohamed Al Amily，信息不详。

与世界和平理事会的关系

在教科文组织辩论中，国际世界语协会没有发言权，但是国际世界语协会相信自己对更大的和平议题能作出积极的贡献。日本的梅田善美[1]活跃在这个领域。1986年，他在俄罗斯伏尔加格勒世界和平世界语者运动座谈会介绍了国际世界语协会，他在报告中着重讲述了国际世界语协会积极的中立原则。早在1984年，国际世界语协会接收世界和平世界语者运动作为非中立的专业合作协会。

对东方世界语运动来说，世界和平世界语者运动是获取政府支持的重要政治方向标。从1973年开始，世界和平理事会与世界和平世界语者运动建立了合作关系。

国际世界语协会在国际合作中寻找代言人，最后试图与世界和平理事会直接建立合作关系。印度人罗姆希·钱德拉[2]表现出极大了兴趣。而这个合作关系的建立者就是世界和平世界语运动的主席派泰什。因为派泰什是世界和平理事会执委会委员，本人也认识钱德拉。而只是到了1987年国际世界语协会总部主任奥斯姆·布莱尔和《世界语》杂志编辑马克·菲蒂斯拜访了他，并联合举办了研讨会。在领导机构会议上，只有临时负责财务的菲吉耶拉对世界和平理事会明确的政治立场表示怀疑。

---

1 Yosima Umeda（1933—2010），日本世界语者，曾担任关西世界语组织联盟秘书长，国际世界语协会副主席。

2 Romesh Chandra，印度世界语者。

1987 年 10 月 31 日至 11 月 1 日，研讨会在赫尔辛基举行，25 名世界语者和世界和平理事会的 10 名代表参加了赫尔辛基研讨会，研讨会工作语言是世界语和英语。马克为《世界语》杂志读者准备了敏感的议题，那就是：要明白，现实中的世界和平理事会不是一个政治上的中立组织。但很难找到一个没有互相攻击的和平组织。就连国际世界语协会本身也经常被人称为西方化、东方化或者北方化。而国际世界语协会和世界和平理事会的差异不是合作的障碍。马克提出，世界语在不同国家的学术会议上比英语胜任。世界语者在国际世界语协会拟定的议题上发言也比较到位，议题是：各族人民之间的友好相处和人与人之间的相互理解。

1988 年 1 月的《世界语》杂志上的报道问题很显然，汤金谈到不能孤立讨论语言问题；马克提到在国际和平运动中建立世界交流新秩序；钱德拉的话题涉及到了全球无核化和以美军来消除敌对势力的构想，他没有谈到互相理解的问题。

斯瓦内又发表了读者来信，担心国际世界语协会在世界和平理事会表达政治态度，这种冒险的做法会失去中立原则。世界和平理事会也非常注意自己的言辞，从不把矛头指向社会主义国家，只是反对西方。他特别是反对赫尔辛基决议中的第八项，按照这个条款，国际世界语协会将翻译和散发世界和平理事会“合适”的材料。按照斯瓦内的想法，如果国际世界语协会接受这个条款，国际世界语协会就成了世界和平理事会的代言人。马克用自己的亲身体会回复了他。“合适”这个词就是排除党派的内容，他承认要小心谨慎，那就是国际世界语协会为世界和平理事会寻找翻译。非政府组织应用世界语也是非常有意义的事，马克和世界和平理事会签订协议是正确的。因此可以开始直接和世界和平理事会开展合作。谈到协议一般不是法律意义上的合同，按照马克的说法，斯瓦内所讲述的东西方冲突长期以来已经黯然失色。

这个世界和平理事会本身在自己的机关刊里，也报道了与国际世界语协会合作的几个原则，世界和平世界语者运动主席派泰什，在给马克的信中也提到这个原则，以及和平理事会方面一些活动，涉及协议条款也不明显。因此合作也只是国际世界语协会一厢情愿短暂的插曲而已，联合公报根本没有出现。

据布莱尔回忆，除了斯瓦内，还有一两个人来信反映此事，但据马克回忆一些支持的会员。在国际世界语协会档案里找到了丹麦人鲍·拉尔塞[1]，他翻译了赫尔辛基协议意向合作的条款，但也没有被接受。无论如何，马克要等待大部分会员的回应。布莱尔满怀希望地报告说，东欧国家世界语协会，特别是苏联世界语者协会将参加会议。汤金提出，可以向东方国家世界语协会通报国际世界语协会与世界和平理事会合作协议之事。

总的来说，国际世界语协会可以和非中立的组织合作，在历史上和会章里都有体现。国际世界语协会和全世界青年世界语者组织和欧洲理事会和当时的欧洲共同体都有合作关系，尽管在东方国家眼里这些是非中立“资本主义”的组织。而马克与国际组织建立关系的创举是历史上就有的，但其他组织建立的关系比他的创举较容易接受。特别是大部分

1 Bo Larse，信息不详。

会员没有反对，也许是因为大家与时俱进，对国际局势有更好的理解。在《世界语》杂志上，可以看到的误解，不是对世界和平理事会的政治问题，而是马克的个人力量影响了这个政治，缓解了东西方的冲突。

10. 新的中立主义的形成

国际世界语协会章程第五条:

> 国际世界语协会在民族、种族、性别、信仰、政治以及社会问题上保持中立，国际关系中的语言问题除外；这个中立原则就意味着，国际世界语协会不采纳上述相关问题的各种观点。 国际人权宣言和其他国际机构确立的建立良好国际关系和尊重人权的原则是国际世界语协会工作的前提。

接下来就是国际世界语协会与国家协会关系中中立原则的措辞问题。涉及中立原则的第一个会章是 1934 年的制定的，当时的第 12 条要求想加入国际世界语协会的国家协会会章里要表明中立原则或者按照这个原则开展组织建设。

1937 年，国际世界语联盟章程删除了这个条款，增加了可以接收政府强加政治色彩的人加入协会。

这个现实的条款在 1947 年就去掉了，1949 年执委会又确认：国家协会有权在本国中立观点的基础上开展活动，但是国际世界语协会会员不能使用国际世界语协会的名字，不能涉及国际世界语协会的中立原则、不能涉及执委会执委或者持相同意见的领导成员。

汤金领导集体思考如何措辞，一方面尽量让社会主义国家加入国际世界语协会、另一方面不影响国际世界语协会既定的中立原则。1978年12月，汤金明确引用了拉本纳在《世界语展望》一书的话，“如果某事被卷入政治环境里，如何保持中立，又如何保持非中立，我们对一些国家的差异要有一定的理解。”汤金又说，现在就要谈到面对现实问题，会章需要新的条文解释。

接着新的会章，不再要求国家协会保持中立，但要遵守国际世界语协会章程、认同国际世界语协会宗旨、维护国际世界语协会的中立性。国家协会应该是只向本国国民开放的组织。

尽管国际世界语协会不再要求国家协会章程里增加中立条款，但仍要关注这些章程。一些国家仍然存在着一些特殊的问题，比如，执委会1976年在审阅以色列世界语协会章程时发现，这个章程要求会员学习新希伯来语，而问题最多的还是社会主义国家。1980年，古巴世界语协会想加入国际世界语协会，国际世界语协会不满的是，他们的会员要通过政审才能加入。国际世界语协会拒绝了古巴加入，因为古巴世界语协会没有向古巴国民完全开放。

民主德国世界语协会只是在废除了一些领导路线后的1976年才加入国际世界语协会，但是在1981年接受了与会章类似的、国际世界语协会不能接受的条条框框。这个新的领导原则的观点就是，民主德国会员们同心协力为社会主义社会转型服务，有义务宣传民主德国社会主义发展的历史成就。

在国际世界语运动注重于自身建设的时候，南斯拉夫世界语者谴责国际世界语运动向法西斯低头。1937 年 4 月号的《南星》杂志发表了头条文章，谴责了虚伪的中立主义，把中立主义视为世界语运动的“毒瘤”。这篇文章的作者就是克罗地亚青年法官拉本纳。他写道：“一些世界语者在没有实际意义，毫无思维、毫无意见或者沉默以及用对所有都支持默认的中立中期待着！”拉本纳要求：“思想自由和民主的原则应该与中立的原则并存，以免中立变成消极的因素。”文章发表后两个月，他又补充建议：“世界语运动共同的基础应被理解为是反对所有敌人的思想基础……，这个思想就是自由、平等、包容、文化和进步。”鉴于这些价值，为了赋予世界语运动以生命，让世界语运动在到受鄙视和迫害的时期而重新获得自信，世界语者是愿意交流思想、广交朋友和开展合作的人，而不是互相诋毁的人，有必要重新审视世界语运动。

几乎是在同时，南斯拉夫人在积极应对世界语的外部危险的时候，其他国家也开始注意到绝对中立原则所带来的不满。20 世纪 30 年代后期，国际世界语协会和国际世联对中立原则不满的会员越来越多，不能在中立中保持沉默的呼声越来越高，其呼声在 1937 年华沙国际世界语大会表现出来。

在一年后的伦敦国际世界语大会上，这个倾向越发明显，拉本纳在大会上颠覆性发言赢得了与会代表的支持，在发言中，他把“内在理想”称之为“反对法西斯的堡垒”。捷克斯洛伐克独立，奥匈帝国崩溃以后，可以在 1938 年 12 月国际世界语协会机关刊看到所发出的呼吁——“抛弃错觉”，事实如下：

> 按照老观点，冷漠的中立就是对我们理想的背叛，世界语的生存和成功只能依赖于当局对个人自由的尊重。

第二次世界大战爆发以后，《世界语》杂志再也不能隐瞒事实真相：“纳粹的进一步得逞会毁掉我们整个事业。”最终，法西斯的推进就是国际世界语运动的教训——从这个意义上来说，哪里抛弃了中立主义，那里就等同于政治盲从，并主动回到世界语运动的国际主义、人道主义的基础上来。1939 年 5 月，在卡尔洛瓦茨召开的南斯拉夫世界语大会上，通过了致科隆国际世界语大会的提案，提案中强调，国际世联对反对世界语的国家再也不能袖手旁观，并要求：“讲清我们的愿望，我们反对抵制世界语运动的国家”。

幸运的是，国际世界语运动战后开始认识到对被法西斯杀害的会员道义责任。1946 年 4 月 14 日，波兰世界语者就在华沙柴门霍夫的故居废墟上插上了象征和平的绿星旗。这也象征着不可被战胜的世界语热情。单是在理想主义的大道上驰骋是远远不够的，任何光荣的事业都会被法西斯摧毁。“柴门霍夫时代天真的国际主义已经一去不复返”。1946 年底，国际世界语协会机关刊做出这样的结论，传统的，热衷于夸大世界语的作用的“内在理想”实际上是不明确的，已经不能适应战后世界语运动重建的需要。

中立运动的领导人也明白这个道理，南斯拉夫人拉本纳首先没有致力于构建世界语主义的新的思想理论，而是宣布世界语运动所赋予的价值不只是对世界语者有利，而是面对更广泛的社会阶层，那就是：人权。

1947 年 4 月 28 日，国际世界语协会作为国际世界语运动权威组织重建，会章修改增加了人权内容："尊重人权是协会必要的条件"。为此，国际世界语协会强调：在政治、种族、信仰上保持中立，在和平事业、国际合作受到威胁时、在人权遭到亵渎时，不能保持中立，中立的原则被重新定义为主动的中立——有别于饱受迫害、历经苦难、孺弱和被动的中立。

世界语经历了法西斯时代，饱受了敌人的残酷迫害和压迫，世界语运动同时也学习认识了自身的错误，认清了外部世界的现实，可以说世界语战胜了法西斯。

参考文献

[1]Leon Courtiat. *Historio de Esperanto*（1887-1913）[M]. Imprimerie Moderne,1964.

[2]UEA.*Jarlibro*[C].Romterdam,UEA,2018.

[3]Ulrich Lin.*La Danĝera Lingvo*[M].Romterdam,UEA,2016.

[4]HEA.*Enciklopedio de Esperanto*[M].Budapes,Hungara Esperanto-Asocio,1979.

[5]HEA.*Enciklopedio de Esperanto*[M].Budapes,Hungara Esperanto-Asocio,1986.

[6] 邹爱民，孙明孝 . 世界语跨文化交际 [M]. 济南：山东音像出版社，2012.

[7] 孙明孝 . 日本世界语运动史略 [M]. 济南：山东大学出版社，2015.

[8] 孙明孝 . 国际世界语协会史 [M]. 济南：山东大学出版社，2016.

[9] 孙明孝 . 中国世界语运动史料 [M]. 南京：凤凰出版社，2016.

[10] 刘正坤，宋韵声 . 世界语发展史 [M]. 沈阳：辽宁大学出版社，2006.

[11] 侯志平 . 中国世界语运动简史 [M]. 北京：新星出版社，2004.

[12] 乐美素 . 世界语者乐嘉煊 [M]. 北京 : 中国文史出版社，2007.

[13] 侯志平 . 中国世运史钩沉 [M]. 北京 : 首都师范大学出版社，2015.

[14] 李乃西等，广东省世界语协会编 . 世界语与我 [M]. 香港 : 中国世界语出版社，2007.

[15] 韦山 . 我和世界语 . 北京 :Tra Mondo 编辑部，2009.

[16] 侯志平 . 胡愈之与世界语 [M]. 北京 : 中国世界语出版社，1999.

[17] 德雷仁著，徐沫译 . 世界语共同语史 [M]. 北京 : 商务印书馆，1999.

[18] 中华全国世界语协会编 . 叶籁士文集 [M]. 北京 : 中国世界语出版社，1999.

国际世界语运动大事记

年份	事件
1859 年	12 月 15 日，拉扎鲁·路德维克·柴门霍夫在比亚里斯托克出生
1878 年	12 月 17 日，“国际语”方案完成
1881 年	3 月 11 日，沙皇亚历山大二世遇害；俄国对犹太人实行大屠杀
1887 年	7 月 26 日，世界语“第一书”在华沙出版发行
1889 年	9 月，《世界语者》杂志在纽伦堡创刊
1892 年	4 月，“希望”俱乐部在彼得堡成立
1894 年	莎士比亚的作品《哈姆雷特》被翻译成世界语出版
1895 年	4 月，俄国禁止《世界语者》杂志 12 月，无普萨拉出现国际语俱乐部

年份	事件
1898 年	1 月，波弗朗在法国创办世界语宣传会 1 月 13 日，埃米尔·左拉写信谈德雷福斯事件
1901 年	2 月，俄语版柴门霍夫著《希莱尔主义》出版
1905 年	俄国资产阶级民主革命爆发 《世界语》杂志创刊 4 月，《俄国世界语者》创刊 8 月 5～13 日，首届国际世界语大会在法国布洛涅召开
1906 年	5 月 19 日，德国世界语者协会成立 6 月 12 日，日本世界语者协会成立 6 月 21 日，反对犹太人大屠杀在比亚里斯托克爆发 7 月 12 人，德雷福斯再次被授予荣誉 8 月 28 日～9 月 5 日，第二届国际世界语大会在日内瓦召开
1907 年	6 月，中国无政府主义者在巴黎创办《新世纪》周刊 10 月 24 日，“国际辅助语采用考察团委员会决定，原则上接受世界语的条件是要修改” 首部世界语原创 *Kastelo de Prelongo* 小说问世

年份	事件
1908 年	1 月 18 日，柴门霍夫断绝与“国际语考察委员会”的关系 4 月 28 日，国际世界语协会成立
1911 年	10 月 10 日，辛亥革命爆发
1914 至 1918 年	第一次世界大战
1917 年	4 月 14，柴门霍夫去世 12 月 6～7 日，俄国“十月革命”爆发 12 月 15 日，“俄国人民权利宣言”颁布
1919 年	3 月，第三共产国际成立
1920 年	1 月，国际联盟成立
1921 年	6 月，苏联世界语联盟成立 8 月，全世界超民族协会成立
1922 年	4 月，斯大林任俄共总书记 6 月 3 日，法国教育部部长贝拉尔颁布禁止在学校里传授世界语的命令 6 月 28 日，国际联盟秘书处做出关于世界语作为国际语的决议 10 月 30 日，墨索里尼出任意大利总理

年份	事件
1924 年	1 月 21 日，列宁去世 6 月 1 日～7 月 3 日，共产国际第五届大会召开，发出国际工人开展通信的倡议 国际联盟推荐世界语为电报明码语言
1925 年	国际电信联盟接受世界语为电报明码语言
1926 年	8 月 5～10 日，全世界超民族协会第六届大会在列宁格勒召开
1927 年	12 月 2～9 日，苏共第十五次代表大会召开，清除托洛茨基影响
1928 年	苏联开始实施“五年计划”
1929 年	10 月，世界经济危机爆发
1930 年	4 月，德国工人世界语运动陷入低谷 5 月，苏联停止向全世界超民族协会缴纳会费 5 月 30 日，尼古莱·斯克雷普尼克发表言论反对超民族主义 7 月 3 日～8 月 14 日，苏联共产党第十六次代表大会召开，斯大林发表讲话，谈到未来国际语问题

年份	事件
1931 年	8 月，全世界超民族协会中的共产党人成立重建普罗世界语运动国际统一委员会
1932 年	8 月，普罗世界语者国际成立 12 月，《世界》期刊在上海创刊
1933 年	1 月 30 日，希特勒登台，德国开始打击世界语 7 月 29 日～8 月 5 日，第 25 届国际世界语大会在科隆召开
1935 年	5 月 17 日，德国全面禁止学校世界语教学活动 7 月 25 日～8 月 21 日，共产国际第六次代表大会，呼吁建立反对法西斯人民阵线 9 月 15 日，反对犹太人"种族歧视法"在纽伦堡颁布
1936 年	2 月 18 日，马丁·博尔曼法令颁布 6 月 20 日，海因里希·希姆莱颁布解散德国世界语协会的命令 7 月 18 日，西班牙卫国战争爆发 8 月，中立世界语运动陷入低谷 9 月，葡萄牙世界语协会被关闭 12 月，日本警方镇压普罗世界语运动 12 月 5 日，苏联新宪法颁布

年份	事件
1937 年	3 月，苏联“大清洗”运动开始，苏联世界语运动消沉 7 月 7 日，抗日战争全面爆发
1938 年	3 月 12～13 日，德国吞并奥地利 3 月 13 日，俄语成为苏联各国学校必修课 4 月 20 日，维也纳国际世界语博物馆关闭 首届国际青年世界语大会在荷兰召开，全世界青年世界语组织成立
1939 至 1945 年	第二次世界大战
1939 年	9 月 28 日，德国军队占领华沙，柴门霍夫家人被捕
1940 年	6 月 8 日，海德里希内参透露世界语问题 8 月，日本世界语学会脱离国际世界语联盟
1941 年	6 月 13～14 日，巴尔干国家流放难民 6 月 22 日，德国入侵苏联
1942 年	1 月 30 日，柏林召开秘密会议，讨论犹太人最终解决问题

年份	事件
1945 年	5 月 8 日，德国战败投降
1947 年	1 月 17 日，全世界超民族协会的创始人兰提在墨西哥自尽 4 月 28 日，中立世界语运动再次统一
1948 年	5 月 14 日，以色列宣布建国 6 月 23 日，西柏林封锁 6 月 28 日，南斯拉夫脱离共产国际 12 月 10 日，国际人权宣言颁布
1949 年	1 月 12 日，世界语组织在德国苏占区、苏联德占区被禁 8 月 2 日，布达佩斯电台停止世界语广播 8 月 15 日，匈牙利总理拉斯洛·拉依克被处死
1950 年	4 月 6 日，匈牙利世界语协会解散 6 月 20 日，《真理报》发表斯大林“马克思主义和语言科学”一文 《人民中国报道》杂志创刊
1951 年	3 月，中华全国世界语协会成立

年份	事件
1952 年	9 月 6 日，捷克斯洛伐克共和国世界语协会解散 12 月 3 日，鲁道夫·斯莱恩斯基被处死
1953 年	3 月 5 日，斯大林去世 7 月 27 日，朝鲜战争停战协议签字 9 月，世界语者世界和平运动成立
1954 年	12 月 8 日，国际世界语协会与联合国教科文组织建立咨询关系 10 日，联合国教科文组织做出支持世界语的决议
1955 年	波兰、保加利亚、捷克斯洛伐克、匈牙利、苏联世界语运动复苏
1956 年	2 月 14～25 日，苏联共产党第二十次代表大会召开，赫鲁晓夫批判斯大林 8～11 月，匈牙利起义
1959 年	8 月 1～8 日，第 44 届国际世界语大会在华沙举行 波兰世界语广播开播
1962 年	苏联世界语者国际联盟委员会成立
1964 年	中国世界语广播开播

年份	事件
1965 年	3 月 31 日，民主德国世界语之友中央工作组成立
1966 年	匈牙利布达佩斯 Eötvös Lóránd 大学开办世界语专业
1967 年	国际标准化组织将世界语代码列为 eo
1969 年	3 月 29 日，捷克世界语协会成立
1970 年	《世界语插图大词典》（PIV）首次出版
1972 年	3 月 15 日，葡萄牙世界语协会复会
1977 年	梵蒂冈开办世界语广播
1979 年	3 月 14 日，苏联世界语者协会成立
1980 年	1 月 15 日，大型社会、政治、文化综合刊物《一月》创刊 7～8 月，世界旅游大会在马尼拉召开，会议提出语言学习的重要性，特别推荐世界语

年份	事件
1982年	罗马尼亚世界语俱乐部全部瘫痪，直到1986年，罗马尼亚没有任何世界语活动
1985年	联合国教科文组织再次发表决议，号召会员引进世界语教学
1987年	世界语百年大庆暨第72届国际世界语大会在华沙举行
1990年	12月8日，“梵蒂冈圣教圣礼大会”把世界语列为天主教会的礼仪语言
1991年	12月21日，苏联解体
1996年	第81届国际世界语大会发布布拉格宣言
1997年	波兰密茨凯维奇大学开办国际语言学专业，1998年首次招生 荷兰阿姆斯特丹大学设立国际语言学和世界语专业
1999年	William 和 Cathy Schulze 投资300万美元设立世界语研究基金，用于世界语研究，开办世界语教学网站（edukado.net 和 lernu.net） 世界语作家 William Auld 首次被推选为诺贝尔文学奖候选人

年份	事件
2000 年	世界语被匈牙利列为高等学校选修课，并设立国家语言水平考试中心，接受世界语考试 根据 Gregory Grefenstette kaj Julien Nioche 研究成果，互联网出现 26 795 000 词条，在拉丁语系中排在第 27 位
2001 年	5 月，维基百科增加世界语语种 9 月 12 日，谷歌增加世界语语种 29 日，中国网开通世界语频道
2002 年	《世界语插图大辞典》（PIV）第二版出版发行，大词典收录 16 780 条词根，46 890 条词汇 9 月，法国《外交世界》杂志增设世界语编辑部，每月用世界语翻译部分文章发表 12 月 21 日，世界语学习网站（www.lernu.net）建成开通
2003 年	1 月，巴西“热带丛林”网站增设世界语频道，运行至 2008 年 5 月 12 月 5 日，维基百科世界语文献突破 10 000 篇
2004 年	1 月 29 日，匈牙利科学院语言研究所宣布世界语是活着的语言

年份	事件
2005 年	《世界语插图大辞典》（PIV）第三版出版发行，大词典收录 15 000 条词根，200 000 条词汇
2006 年	7 月 12 日，德国哈茨赫兹伯格被正式命名为“世界语城”
2008 年	谷歌网站搜索工具增加世界语语种 8 月，火狐浏览器（Mozilla Firefox）正式将世界语列为工作语言 是年，欧盟共同构架的世界语国际水平考试设立
2009 年	1 月 19 日，Transparent Language 公司推出英语世界语学习项目 夏，蒙古世界语协会加入国际世界语协会，至此，国际世界语协会拥有国家协会 70 个，1955 年只有 22 个国家协会 10 月 2 日，巴西参议院将包括世界语在内的语言列为学校课程 12 月 15 日，谷歌网站推出绿星旗，纪念柴门霍夫诞辰 150 周年
2010 年	12 月，WikiTrans 网站上从英语翻译成世界语的文章达 400 万篇

年份	事件
2011 年	据调查，匈牙利共有 8 397 人说世界语，是 2001 年的两倍，1990 年的四倍，在所学习的语言（母语除外）的第 14 位
2012 年	2 月 22 日，谷歌翻译网站增加世界语，是该网站的第 64 个语种
2013 年	11 月 16 日，中国世界语博物馆在枣庄学院建成开馆
2014 年	1 月 27 日，Tatoeba 网上世界语词条达到 30 万，是位于英语的第二大语言，德语是第三位 4 月 5 日，澳大利亚世界语网络电视台开播 7 月 31 日，世界语足球队成立，首次与阿根廷亚美尼亚联合球队对阵 8 月 13 日，维基百科世界语文献达到 20 万条，在所使用的语言中排在 33 位 10 月 31 日，世界语被列为波兰非物质文化遗产
2015 年	5 月 28 日，多邻国网站开设世界语学习项目，一个月后，注册学习人数达到 3.5 万人，三个月后达到 10 万人，半年后达到 20 万人，日增加量为 1 000 人 调查显示：全球有 60 家语言学习网站使用 25 个语言免费开设世界语学习课程

年份	事件
2017 年	联合国教科文组织季刊《信使》增加世界语版 5 月 27 日，多邻国网站世界语学习人数突破 100 万，每天结业人数 100 人，年 10 000 人 12 月 11 日，“世界语创始人柴门霍夫博士逝世 100 周年”纪念活动在联合国教科文组织总部举行
2018 年	枣庄学院世界语本科专业招生，首次招生 25 名世界语本科生
2019 年	1 月，克罗地亚把世界语列为非物质文化遗产

后记

这本书终于写成了，总算松了一口气！

这本书的参考资料主要来源于德国历史学家林斯的《危险的语言》和《国际世界语协会史》等书。《危险的语言》是全面记录世界语受迫害史的一本非常有趣的书，也是语言学家、历史学家、世界语者值得阅读的人造语史读物之一。《国际世界语协会史》也是世界语历史方面的权威读物，知识性很强。在这两本书的启发下，我决定结合国内外世界语历史故事编著一本《世界语运动风云录》，以飨中国读者，也是对自己从事世界语博物馆工作的告慰。于是我开始查阅大量的资料，于 2018 年底完成了《世界语运动风云录》的编著任务。

在本书出版之际，学校领导及山东省十三五规划人文社科研究基地——枣庄学院文化研究与传播中心的领导及专家表示感谢！向提供部分世界语史部分翻译资料和校对的赵文琪、洪海若先生以及宋红霞女士表示感谢！

孙明孝

2020 年 3 月 21 日

Esperanto-Muzeo

世界语博物馆

枣庄学院